Walhalla Finale

Valhalla Finale

Anna Rosmus

Walhalla Finale

Valhalla Finale

Das Ende des II. Weltkrieges –
Von der Normandie nach Linz und Prag
Mit vielen bisher nicht veröffentlichten Bildern von 1945

The End of World War II –
From Normandy to Linz, Austria and Prague, Czechoslovakia,
with many previously unpublished photos from 1945.

Anna Rosmus

Inhaltsverzeichnis

Table of Contents

Gewidmet
den Generalmajoren
Stafford LeRoy Irwin,
Stanley Eric Reinhart,
Demitrius Antonin Drichkin
und
all den Soldaten, die mit ihnen daran gingen,
die Donauregion zu befreien und
kommenden Generationen zu erhalten

Dedicated to
the Major Generals
Stafford LeRoy Irwin,
Stanley Eric Reinhart,
Dmitrii Antonin Drichkin
and
all the soldiers serving with them to liberate
and preserve the Danube region
for generations to come

Anna Rosmus

Vom barocken „Mariahilf" aus überschaut man das Donautal und die Hügellandschaft, die Bayern von Österreich und Tschechien trennt. Am Ende des letzten Jahrhunderts lebte Adolf Hitler mit seiner Familie am rechten Innufer unterhalb des bekannten Passauer Klosters. 1938 marschierten deutsche Truppen in beiden Nachbarländern ein. 2006 begrüßen Anna Rosmus und einheimische Zivilisten amerikanische Besucher aus der gemeinsamen Vergangenheit.

Baroque church "Our Lady of the Succours" overlooks the Danube Valley, and the mountain range that separates Bavaria from Austria and the Czech Republic. At the turn of the last century, Adolf Hitler and his family lived on the right bank of the Inn River, below Passau`s fabled convent. German troops invaded both neighbors in 1938. In 2006, Anna Rosmus and local civilians welcome American visitors from their mutual past.

Vorwort

In der altnordischen Mythologie ist die *Walhalla* eine prunkvolle Riesenhalle. Odin, der oberste Gott, lädt die Hälfte derer, die im Kampf fallen, dorthin ein. Begleitet von Walküren, die bestimmen, wer fällt, gesellen sich die Toten zu germanischen Helden und Herrschern und bereiten sich auf die Götterdämmerung vor. In voller Montur kämpfen sie tagaus, tagein. Aber zum Gelage-Feiern kehren sie zurück nach *Walhalla*.

Als ich zehn Jahre alt war, habe ich über *Walhalla* gelesen. Später habe ich mit Schülern die Walhalla an der Donau bei Regensburg besucht, die Leo von Klenze im 19. Jahrhundert für König Ludwig I. von Bayern gebaut hat. Kein Erwachsener hat uns erzählt, dass amerikanische Nachrichtenoffiziere 1945 beim bevorstehenden Kampf um die Donauregion von einem „Walhalla Finale" redeten. Niemand hat die Bedeutung des "Korridors Regensburg-Passau-Linz" erwähnt.

Nach dem Abitur am Gymnasium Leopoldinum in Passau fing ich an, meine Heimatstadt im Dritten Reich selber zu erforschen. Ich wollte wissen, was passiert war, auch wenn das manchen arg unangenehm war. Michael Verhoeven hat aus meiner persönlichen Erfahrung mit Vertuschung und Irreführungen den Oskar-nominierten Spielfilm *Das schreckliche Mädchen* gemacht. Hochschulen und andere verwenden den Film noch heute, um Debatten über Deutschland und den 2. Weltkrieg anzufachen.

Freiberuflich habe ich Artikel für wissenschaftliche Sammlungen, Zeitschriften und Zeitungen wie *La Pensée et les Hommes, Holocaust and Genocide Studies, die New York Times*, *The European* und den *Aufbau* geschrieben.

Professor Robert E. Herzstein schrieb im *Journal of The Historical Society II*:

„Erfahrene deutsche Historiker widmeten Führern und Institutionen, Strukturen und der Radikalisation im Haufen viele Worte. ... Das war Alles angebracht - und unpersönlich. In den Konstrukten und Schulbüchern war wenig Platz für Fragen über örtliche Verbrechen und Verbrecher, auch wenn die nicht genannten Leichen nahe am eigenen Haus verscharrt waren und die Mörder nur ein paar Straßen weiter weg lebten. In diesem Nebel aus Übersehenem stechen Anna Rosmus' Studien zur Region Passau als rare Ausnahme hervor. Trotz der Opposition ihrer Lehrer und von Leuten, die Bayerns erzieherisches Establishment in den späten 70-er Jahren prägten, entschied sich Rosmus, die Geschichte der Stadt Passau während des Dritten Reiches zu untersuchen. Sie hat nie damit aufgehört, und im Lauf der Zeit Leichen entdeckt und noch lebende Schuldige identifiziert. ..."

Zum Sammeln von Fakten bin ich nach Amerika umgezogen und habe eine Wohnung genommen, die nur Minuten vom Nationalarchiv in College Park entfernt war. Ich habe viele Amerikaner in General George Smith Patton Juniors 3. Armee befragt, die damals auf beiden Seiten der Donau gekämpft haben oder dort stationiert waren, nachdem der Krieg zu Ende war.

Die Universität von Süd-Carolina veröffentlichte meine Bücher *Gegen den Strom. Aufwachsen, wo Hitler gelebt hat* und *Out of Passau. Eine Stadt verlassen, in der Hitler zuhause war*. Beide Bücher beschreiben Begegnungen mit amerikanischen Veteranen. Wenig später brachte die Universität mein Buch *Wintergrün. Verdrängte Morde* heraus, dass einige der schlimmsten Verbrechen in Passau gegen Ende des Krieges dokumentiert, als Zehntausende von General Patton Juniors Soldaten auf den heftig verteidigten Knotenpunkt zumarschierten. Meine Quellen schlossen erste Dokumente und mündliche Berichte amerikanischer Soldaten ein, die gründlich Fakten recherchierten und detailliert Verbrechen rekonstruierten, die viele noch Jahrzehnte danach perplex ließen.

Unter den rührendsten Ehrungen, die ich je erfahren habe, war es, von Veteranenvereinen als deren Ehrenmitglied gewählt zu werden. Als Generalmajor Stanley Eric Reinharts 65. Infanterie-Division dies im Sommer 1995 machte, war ich nicht nur die einzige Frau, sondern auch die einzige Ausländerin und vermutlich die einzige, die nie eine andere Waffe trug als den Kampfgeist, mich absichtlicher Unterjochung und Ungerechtigkeit zu widersetzen, wo immer ich darauf stieß. In meiner Entgegnung sagte ich:

„... Mir, einer Deutschen, die nach dem Krieg geboren wurde, bedeutet es viel, Sie besser kennen zu lernen, weil mir klar ist, wie viel wir Ihnen zu verdanken haben. Es bedeutet mir auch viel, weil ich Gelegenheit habe, Ihnen zu danken. Ich weiß, das kommt spät. Und natürlich können Worte nie aufwiegen, was Sie für uns getan haben. Ich möchte aber, dass Sie wissen, dass es in Bayern und Österreich viele Leute gibt, die Sie nie vergessen haben; Leute, die Ihren Mut, ihren Kampf und Ihre Willenskraft in einem Krieg erlebt haben, der nicht der Ihre war. Ich möchte, dass Sie wissen, dass es auch viele Leute gibt, die sich an eine andere Seite erinnern; Leute, die Ihren Charme erfahren haben, ihr gutes Herz, Ihre freundliche und vergebende Art; Leute, die Sie als anbandelnde Nachbarn in Erinnerung haben, als Freunde, als Partner und als Liebhaber ..."

Ich wollte, dass die nächste Generation etwas über die Veteranen weiß. Ich wollte, dass Schulen anfangen, diese Geschichte zu unterrichten. Das Buch sollte ihnen zu der Anerkennung verhelfen, die sie verdienen und uns daran erinnern, was wir vor Jahrzehnten zurückgewonnen haben: Unsere Freiheit. Es sollte uns auch erinnern, etwas so Wertvolles niemals wieder aufs Spiel zu setzen.

Im Frühling 1995, zum 50. Jahrestag des Kriegsendes, habe ich in Deutschland und in Österreich eine Reihe von Gedenkveranstaltungen initiiert, Überlebende, Befreier und deren Angehörige mit Einheimischen zusammengebracht, um diesen Teil unserer gemeinsamen Geschichte festzuhalten. Bei der Gelegenheit haben wir auch damit angefangen, das arg entstellte Mahnmal am KZ Kirchham wieder zu beschriften.

Über zehn Monate hinweg hat Felix Kuballa die etwas unkonventionellen Vorbereitungen für diesen Besuch in seinem Dokumentarfilm *Passau-Washington: Das schreckliche Mädchen in Amerika* festgehalten. Die *60-Minutes*-Produzentin Barbara Dury schoss während des Jahrestreffens der 65. Infanterie-Division in Biloxi, Mississippi, Filmmaterial.

Anlässlich des 60. Jahrestages vom Kriegsende habe ich eine weitere Reihe von Veranstaltungen initiiert, die nochmals Veteranen aus den USA und Insassen, die sie vom Horror der Gefangenschaft befreit haben, zusammenbrachte. Zusammen haben wir ein Mahnmal für die kleinen Kinder von Überlebenden eingeweiht, die nach dem Krieg bei Pocking umgekommen sind.

Im Lauf der Jahre wurde ich zur geistigen Kameradin, eine Freundin und Verbündete, wie auch jemand, den sie in heiklen Situationen ins Vertrauen zogen. Dass amerikanische Veteranen mich und meine Eltern besuchen, wurde ganz normal. Über Jahre hinweg stand ich Seite an Seite mit Vielen von ihnen, sei das bei privaten Beerdigungen oder spektakulären Ereignissen wie der Einweihung des Mahnmals für den 2. Weltkrieg in Washington DC 2004. Es gab auch halb-private Veranstaltungen wie ein Empfang beim Veteranen Bob Dole und dessen Frau Elizabeth und nationale Feierlichkeiten wie die Vereidigung des US-Präsidenten 2005. Ich bin auch weiterhin dabei, mit und für die Männer von General Patton Juniors 3. Armee.

Während der Kampfhandlungen besaßen die meisten Soldaten keine Kamera noch schleppten sie eine mit. An Filme war auch schlecht heranzukommen. Brigadegeneral Robert Upp von der 65. Infanterie-Division erinnert sich, dass seine „Kamera gestohlen wurde solange die Einheit noch in Frankreich war; also habe ich im ganzen Kampf durch Deutschland und Österreich keine Bilder gemacht." Ed Lewis, der Herausgeber der Divisionszeitschrift, „hatte vier Rollen 35-mm-Film, und fand ein Haus mit einer Dunkelkammer. Ich habe die Filme entwickelt, und zum Trocknen aufgehängt. Am nächsten Morgen sind wir weitergezogen, und ich vergaß die vier Rollen Negative."

Eine riesige Menge privater wie offizieller Nachweise war zu durchforsten, sortieren und kommentieren. Sogar die offiziellen Bilder waren weit verstreut. Während manche den Kommandeuren überlassen wurden, gelangten andere in Sammlungen für interne Zwecke wie Veröffentlichungen einzelner Einheiten; wieder andere waren für die Nachwelt in Archiven deponiert. Einer größeren Öffentlichkeit Zugang zu mehreren Quellen dieser Art zu ermöglichen war eine erstaunliche Gelegenheit. Der älteren Generation würde eine Chance geboten, ihre eigenen Erinnerungen aufzufrischen, und Jüngere könnten Blicke auf eine Vergangenheit erhaschen, von der sie bislang noch recht wenig wissen.

Viele Bilder waren allerdings verbogen, gerissen, verblasst oder verkratzt; bei anderen fehlte eine genaue Orts- oder Personenangabe. Eine niedrige Auflösung taugt fürs Internet, ist aber als Druck problematisch. Andere Bilder sind ohne Kontext oder Folgen zu erklären unverständlich. Und bei der Vielzahl an Einheiten, die zwar jeweils eine ausgeprägte Route hatten, aber in einen arg ähnlichen Zeitraum und Gebiet operierten, waren Überschneidungen kaum vermeidbar. Aber kurz nachdem ich den Gedanken an so ein Bilderbuch erwähnte, kristallisierte sich ein recht fähiges und aktives Team heraus, das all dies gleichzeitig von verschiedenen Blickwinkeln aus anging.

Daniel William O'Brien, der Präsident der 11. Panzerdivision, im Staat Washington hat angeboten, Daten zu überprüfen, Fahrzeuge und Waffen für eine genaue Beschreibung unter die Lupe zu nehmen. Er kam 1922 auf die Welt, studierte Bergbau und machte beim Heer einen beschleunigten Kurs in Hoch- und Tiefbau.

Oberstleutnant Ralph Seeman stellte Bilder aus seiner Zeit bei der US-Luftwaffe zur Verfügung. Der 766. Bombergruppe im kalifornischen Hammerfield zugeteilt hatte Seeman das Kommando über einen Consolidated B-24 Bomber samt Besatzung. Im Januar 1944 hob sein Bomber „Kissed Off Kids" ab nach Übersee. Seine Route führte zuerst nach Osten über die USA, dann in den Süden nach Brasilien, weiter östlich über den Südatlantik nach Afrika und schließlich in den Norden zu einem Formationsgebiet in Tunis, an der Südküste des Mittelmeeres. Dort versammelten sich alle Maschinen der 461. Bomber-Gruppe für die Entsendung in Kampfgebiete. Die Gruppe, die mit Verteidigungswaffen ausgestattet war, war im Luftwaffen-Stützpunkt Torretta bei Cerignola in Italien stationiert. Die Besatzung Nummer 43 kam erstmals am 3. April 1944 zum Einsatz und flog insgesamt 47 Bomber-Einsätze in Italien, Jugoslawien, Rumänien, Ungarn, Österreich, Deutschland und Frankreich.

Brigadegeneral General Stanley Eric Reinhart Junior in Florida, der Sohn jenes Generalmajors, der Regensburg, Passau, Pocking und Schärding eingenommen hatte, ehe er zum Militär-Gouverneur von Oberösterreich ernannt wurde, bot an, Sachen aus dem privaten Nachlass seines Vaters zur Verfügung zu stellen. Unter anderen wertvollen Stücken waren da Bilder von Marcos Chamudes, einem sephardischen Juden und bekannten Immigranten aus Chile, der in der 65. Infanterie-Division als Fotograf diente. Der Nachrichten-Abteilung S-2 des Pionier-Bataillons zugeteilt, hat er Kampfeinsätze und Treffen mit sowjetischen Generälen dokumentiert. Chamudes hat die Charaktere wunderbar getroffen.

Im Norden von Kalifornien hat Willard Wyman, der Autor von *High Country*, ein ehemaliger Dekan der Universität Stanford und der Hochschule Colby, Bilder aus der Sammlung seines Vaters angeboten. 1945 hatte der mittlerweile verstorbene Vier-Sterne-General Willard Gordon Wyman die 71. Infanterie-Division zum Sieg geführt.

In Nord-Carolina bot Robert Fitzgerald Patton, ein ehemaliger Präsident vom Verband der 65. Infanterie-Division, Bilder an, die er entweder selber hatte oder besorgen konnte. Jim Hanson in Süd-Dakota machte sich auf die Jagd nach Bildern seines Vaters Maynard, der bei Kriegsende in Linz stationiert war. Vernon Schmidt von der 90. Infanterie-Division hat Bilder zur Verfügung gestellt.

Sue Townsend, die Tochter des gebürtigen Passauers und amerikanischen Soldaten Arthur Burian in Tennessee, hat angeboten den englischen Text gegenzulesen und „für die beschädigten Bilder zu tun, was ich kann." Zusammen mit General Reinhart Junior hat sie auch am Einband mitgearbeitet.

In Passau hat mein Vater die deutschen Untertitel korrigiert.

Während ich anfing, mit ganzen Haufen von Bildern die Geschichte zu erzählen, wie General Patton Juniors Soldaten ihr Endziel in Europa erreichten, war es nicht nur die Existenz der Bilder hier und da, sondern vielleicht noch mehr das gegenseitige Vertrauen und unsere Zusammenarbeit, die uns in die Lage versetzte, das vielschichtige Ende dieses Weges in mehr Details festzuhalten.

Anna Elisabeth Rosmus

Foreword

In Norse mythology, *Valhalla* (hall of the slain) is an enormous, majestic hall. *Odin*, the chief god, invites half of those who die in combat to travel there. Led by *valkyries* (female choosers of the slain), the dead join Germanic heroes and kings, as they prepare for *ragnarök* (twilight of the gods). In war gear, they battle one another every day. When mealtime comes, however, they ride home to *Valhalla* and drink.

At the age of ten, I read about *Valhalla*. Later, with students, I visited Valhalla on the Danube below Regensburg, a temple that Leo von Klenze built for Ludwig I of Bavaria in the 19th century. Adults never told us that in 1945, American intelligence officers debated a "Valhalla Finale" in the anticipated combat for the Danube region. Nobody had mentioned the significance of the "Regensburg-Passau-Linz Corridor".

After graduating from the Gymnasium Leopoldinum in Passau, Bavaria, I began to uncover my hometown's Nazi past on my own. I eagerly asked what were uncomfortable, if not forbidden, questions. Michael Verhoeven turned my personal journey into this world of concealment and deception into the Oscar-nominated film *The Nasty Girl*. That film is still used today by colleges and other schools to stimulate debates about Germany and WWII.

As a freelance writer, I have contributed articles to scholarly anthologies, magazines and newspapers, such as *La Pensée et les Hommes, Holocaust and Genocide Studies*, *The New York Times*, *The European* and *Aufbau*.

Professor Robert E. Herzstein wrote in *The Journal of The Historical Society II*:

"Senior German historians wrote dense prose devoted to leaders and institutions, to structures, and to cumulative radicalization. ... It was all appropriate - and impersonal. In the constructs and the textbooks, there was little room for inquires into local crimes and perpetrators, even when the unnamed bodies were buried near one's home and the killers lived a few blocks away. In this fog of oversight, Anna Rosmus' remarkable studies of the Passau region in Bavaria stand out as the rare exception. Despite the opposition of her teachers and of the people who ran Bavaria's educational establishment in the late 1970s, Rosmus decided to examine the history of the town of Passau during the years of the *Third Reich*. She has never stopped, and in the process has found the bodies and identified living culprits. ..."

To gather evidence, I moved to America, taking up residence only minutes away from the National Archives in College Park, Maryland. I have interviewed numerous American soldiers in General George Smith Patton, Jr.'s 3rd Army who once fought along the Danube River or were stationed there after combat ended.

The University of South Carolina published my books *Against the Stream: Growing up Where Hitler Used to Live,* and *Out of Passau: Leaving a City Hitler Called Home*. Both books document encounters with American veterans. Before long, the University followed up with my book *Wintergreen: Suppressed Murders*, which documents some of the worst atrocities in Passau at the end of the war, just as tens of thousands of General Patton, Jr.'s men were converging on that bastion. My sources included the first documents I obtained and oral testimonies by American soldiers who worked hard to establish the facts and unveil the details of the crimes that baffled their minds and haunted many for decades.

Among the most touching honors I have ever received was being elected by veterans associations as their Honorary Member. When Major General Stanley Eric Reinhart's 65th Infantry Division Association did so in the summer of 1995, I was not only their sole female member, but also the only foreigner, and very likely the only one who never carried any weapon other than the spirit and determination to overcome willful subjugation and injustice wherever it may occur. In my thank you address I stated:

"... As a German from a postwar generation, it means a lot to me to get to know you better because I am very well aware of how much we all owe you. It also means a lot, because I have an opportunity to thank you. That is belated to be sure. And of course, words can never equal what you did for us. But I want you to know that there are many people in Bavaria and Austria who never forgot you, people who witnessed your courage, your struggle, and your fighting spirit in a war that was not yours. I want you to know that there are also many people, who remember another aspect, people who experienced your charm, your good hearts, your friendly and forgiving nature, people who remember you as 'fraternizing' neighbors, as friends, as partners, and as lovers, too ...."

I wanted the next generation to know about the veterans. I wanted schools to teach that "story". This book should give them the credit they deserve, and remind us of what we regained decades ago: Our freedom. It should also remind us, never ever to gamble with something so precious again.

In the spring of 1995, for the 50th anniversary of VE-Day, I sponsored a series of commemorations in Germany and Austria, bringing survivors, liberators and their families together with locals to preserve this part of our mutual history. On that occasion, we began to restore the defaced Kirchham Concentration Camp Memorial.

Over the course of ten months, Felix Kuballa shot footage of the somewhat unconventional preparations for this trip in his documentary, *Passau-Washington: The Nasty Girl in America*. *60 Minutes*-producer Barbara Dury shot footage during the 65th Infantry Division's reunion in Biloxi, Mississippi.

To celebrate the 60th anniversary of VE-Day, I sponsored another series of events that brought together, once more, US-veterans and inmates they freed from the horrors of captivity. Together, we dedicated a monument to DP (Displaced Person) infants who perished near Pocking after combat.

As the years passed, I became a comrade in spirit, a friend and an ally as well as a confidante in trying times. American veterans visiting me and my parents became a common event. Standing side by side with many of them for years, I attended private funerals and spectacular ceremonies such as the dedication of the WWII memorial in Washington, D.C. in 2004. There were also semiprivate events such as the reception by WWII veteran Bob Dole and his wife Elizabeth, or nationwide celebrations such as the US President's inauguration in 2005. I continue to be present, with and for the men of General Patton, Jr.'s 3rd Army.

During combat, most soldiers neither owned nor carried a camera, and film was hard to come by. Brigadier General Robert Upp from the 65th Infantry Division recalls that his "camera was stolen while the unit was still in France, so I took no pictures during all of the combat duty across Germany and Austria." Ed Lewis, editor of the division's newsletter, "had taken four rolls of 35-mm film, and found a house that had a darkroom. I developed the films and hung them up to dry. The next morning we pulled out, and I forgot the four rolls of negatives."

A wealth of private and official evidence had to be checked, sorted and commented on. Even the official images taken were divided among many locations. While some had gone to commanders, some in collections for internal use such as unit publications, others were deposited at archives for posterity. Granting a greater public access to combined sources of that kind was an amazing opportunity. It would allow the older generation to relive its own history, and younger ones glimpses at a past they might have few clues about until reading the book.

Many photos were bent, torn, faded or scratched, however, exact locations or persons in others unidentified. While low resolution was fine for websites, it posed a problem in print. Without much text to explain the context or sequence, other photographs might not be understood. And with multiple units having a distinct routing but a similar timeline and location, overlappings seemed unavoidable, but as soon as I mentioned the very idea of such a photo volume, a very capable and active team emerged to tackle these issues simultaneously from several angles.

In Washington state, Daniel William O'Brien, president of the 11th Armored Division Association, volunteered to verify data, check vehicles and weapons for proper description. Born in 1922, he majored in mining engineering, and pursued an accelerated course in civil engineering in the Army Specialized Training Program

Lieutenant Colonel Ralph Seeman made photos available from his time in the US Army Air Force. Assigned to the 766th Bomb Squadron at Hammer Field in Fresno, California, Seeman had assumed command of a Consolidated B-24 bomber and flight crew. In January, 1944, his bomber "Kissed Off Kids" left for overseas. His route led east across the United States, south to Brazil, then east across the South Atlantic Ocean to Africa, and finally north to a staging area at Tunis, on the south shore of the Mediterranean Sea. There, all aircraft of the 461st Bomb Group assembled for combat deployment. Armed with defensive weapons, the group was based at the Torretta Army Air Force base near Cerignola, Italy. Crew #43 was first committed to action on April 3, 1944, and flew a total of forty-seven combat bombing missions in Italy, Yugoslavia, Romania, Hungary, Austria, Germany, and France.

In Florida, Brigadier General Stanley Eric Reinhart, Jr., the son of the Major General who captured Regensburg, Passau, Pocking and Schärding before he was appointed Military Governor of Upper Austria, offered to make available items of his father's private treasure-trove. Among precious other things, it contained photos by Marcos Chamudes, a Sephardic Jew and fabled immigrant from Chile who served as the 65th Infantry Division photographer. Assigned to the S-2 (Intelligence) Section of the engineer battalion, he documented combat operations and meetings with Soviet generals. Chamudes captured the essence of the characters portrayed.

In Northern California, Willard Wyman, author of *High Country*, and a former dean of students at both Stanford University and Colby College, offered some of his father's photo collection. In 1945, the late Four-Star General Willard Gordon Wyman had led the 71st Infantry Division to victory.

In North Carolina, Robert Fitzgerald Patton, a former president of the 65th Infantry Division Association, offered pictures he had at hand or could arrange for. Jim Hanson in South Dakota hunted down photos of his father Maynard, who found himself stationed in Linz at the end of combat. Vernon Schmidt of the 90th Infantry-Division made photos available.

In Tennessee, Sue Townsend, the daughter of Passau's GI Arthur Burian, offered to proofread the English text and to "do what I can for the 'injured' photos." Together with General Reinhart, Jr. she also worked on the cover.

In Passau, Germany, my dad edited German captions.

While I started telling the story of General Patton, Jr.'s men reaching their final destination in the European Theater with heaps of visual images, in the end, it was not only the actual photos' existence here or there, but perhaps even more so mutual trust and working together that enabled us to document in greater detail the multi-faceted end of this trail.

Einführung

Die Vereinigten Staaten haben sich nur zögernd am 2. Weltkrieg beteiligt. In den 30er und frühen 40er Jahren wussten die Leute in Amerika von Berichten über aggressive Militäraktionen und fürchterliche Verbrechen an einer Vielfalt unschuldiger Zivilisten durch die Völker der Achsenmächte Deutschland, Italien, Japan und ihrer Verbündeten. Sie waren erstaunt und entsetzt von Berichten über Gräueltaten.

Nichtsdestotrotz, die Regierung der Vereinigten Staaten war nicht willens, in einen fremden Krieg verwickelt zu werden. Eine Position, die von der großen Mehrheit der Bevölkerung unterstützt wurde. Auch wenn über eine beachtliche Zeit hinweg mancher militärischer Nachschub und manche wirtschaftliche Hilfe ins bedrängte England geschickt wurde, sogar dieses beschränkte Engagement in europäischen Angelegenheiten war zuhause umstritten. Die amerikanische Zuneigung galt Großbritannien, vor allem, als der Krieg in der Luft und zur See gegen seinen Alliierten aus dem 1. Weltkrieg zunahm und U-Boot-Angriffe auf manche Schiffe mit amerikanischer Flagge stattfanden.

Im März 1941 verabschiedete der amerikanische Kongress den *Verleih- und Vermiet*-Beschluss. Dessen bekannt gemachte Absicht war es, Nationen zu unterstützen, deren Verteidigung als lebenswichtig für die Verteidigung der Vereinigten Staaten galt. Er berechtigte zur Sendung großer Mengen von Nahrungsmitteln, Kriegsmaterial und anderer Mittel in Höhe von 50,1 Milliarden Dollar an die Alliierten. Im Gegenzug erlaubte er den Vereinigten Staaten langfristig die Errichtung von Militärstützpunkten. Während eine direkte Beteiligung noch immer ungenehmigt war, beendete der Beschluss den Anschein, dass die Vereinigten Staaten im europäischen Konflikt eine strikt neutrale Haltung beibehalten würden.

Nach dem Ende des 1. Weltkrieges hatten die Vereinigten Staaten ihre Streitkräfte weitgehend demobilisiert. In den 20er Jahren und während der Finanzkrise der frühen 30er Jahre waren die Gelder, die für den Militärdienst vorgesehen waren, zusammengeschrumpft. Als Folge davon hatten die Vereinigten Staaten Anfang der 40er Jahre ein relativ kleines Heer, das nur aus 186.000 aktiven Soldaten bestand. Sie besaßen nur eine begrenzte Menge an militärischer Ausrüstung, wovon vieles verbraucht war.

Das Flug-Korps war eine kleinere Abteilung der US-Armee, ausgestattet mit meist veralteten Flugzeugen. Während mit der Produktion modernerer und effektiverer Flugzeuge begonnen wurde, waren nennenswerte Zahlen von Flugzeugen, die für eine moderne Kriegsführung in großem Stil geeignet waren, nicht vorhanden.

1941 war ein guter Teil der Landesflotte im Pazifik stationiert, wo eine schnell expandierende japanische Marine eine ernsthafte Bedrohung darstellte. Um 7.46 Uhr morgens am Sonntag, dem 7. Dezember 1941, landete die japanische Luftwaffe von See aus einen Überraschungsangriff auf den US-Marine-Stützpunkt Pearl Harbor und andere Militärbasen und Rollfelder auf der Hawai-Insel Oahu. In knapp zwei Stunden wurde ein wesentlicher Teil der Pazifikflotte, einschließlich acht Schlachtschiffen, entweder versenkt oder unbrauchbar gemacht. Über 2.400 Mann Militärpersonal und Zivilisten hatten bei dem Angriff ihr Leben verloren, und über 1.200 weitere waren verwundet. Tags darauf wandte sich Präsident Franklin Delano Roosevelt an den Kongress der Vereinigten Staaten und erklärte, dass jetzt zwischen den Vereinigten Staaten und dem Kaiserreich Japan Kriegszustand herrsche. Vier Tage später, am 11. Dezember, erklärte das *Dritte Reich* den Vereinigten Staaten arrogant ebenfalls den Krieg.

Die Leute in den Vereinigten Staaten taten sich augenblicklich zur Unterstützung eines Krieges zusammen, den sie nicht gewollt hatten. Glücklicherweise war bereits eine hochqualifizierte Führungskraft an der Spitze der US-Armee. Präsident Roosevelt hatte General George Catlett Marshall zum Stabschef der Armee ernannt. Er war verantwortlich für die Ernennung von Führungskräften in Schlüsselpositionen, einschließlich General Dwight David Eisenhower, dem Oberbefehlshaber der Alliierten Streitkräfte in Europa, und General Omar Nelson Bradley, dem Kommandeur der 1. und 12. US-Heeresgruppe.

Bei den überwältigenden militärischen Bedürfnissen ging Amerikas Industrie schnell zur Militärproduktion der Kriegszeit über. Bergbau und die Verarbeitung von Rohprodukten wurden exponentiell beschleunigt. Fließbänder zur Autoherstellung wurden auf die Produktion von Militärfahrzeugen, Panzern und Artillerie umgestellt. Nicht entwickelte Flussufer wurden zu Werften. Bald lieferten die Kaiser-Schiffswerke pro Tag einen Frachter oder Truppentransporter. Manche der neuen Flugzeugwerke wurden als Wohnviertel oder Golfplätze getarnt. Die Forschung und Entwicklung von Kriegsmaterial wurde beschleunigt. Neu entwickelte Land-, Wasser- und Luftfahrzeuge wurden nach bislang unerhört schnellen Terminplänen gefertigt.

Bestehende Militärstandorte wurden erweitert und neue schossen aus dem Boden. Ein Auswahlsystem wurde geschaffen mit der Vollmacht, körperlich taugliche Personen zum Militärdienst einzuziehen. Gegen Ende des Jahres 1942 trugen über acht Millionen ehemalige Zivilisten Militäruniformen.

Amerika schlug zurück. Tausende von Schiffen schleppten im Konvoi Nachschub und Kriegsmaterial, um die Verteidigung des Vereinigten Königreiches zu stärken. Andere lieferten Nachschub an die Sowjets zum arktischen Hafen Murmansk. Bald waren amerikanische Bomber in England, Nordafrika und Italien stationiert und gesellten sich bei den Angriffen auf die Kriegsmaschinerie im Achsen-dominierten Europa zu den Briten.

Als amerikanische Truppen im Frühjahr 1945 den Bayerischen und den Böhmischen Wald erreichten, waren die Vereinigten Staaten schon über drei Jahre im Krieg mit den Achsen-Mächten. Sobald sie den Rhein überquert hatten, fegten amerikanische Streitkräfte im Blitzkrieg-Tempo über die Mitte Deutschlands hinweg. Während überall Nischen von sturem deutschem Widerstand waren, war die Kriegsmaschinerie des *Dritten Reiches* bereits zersplittert. Sie war eingeklemmt zwischen zwei Alliierte Fronten, die vom Osten und vom Westen aufeinander zukamen. Verbindungslinien der deutschen Armee bei der Kommunikation und beim Nachschub brachen zusammen, und Hoffnungen auf einen Rückzug in eine zu verteidigende Enklave in der etwas mystischen *Alpenfestung* waren zerfallen.

Manche amerikanische Soldaten hatten viele Schlachten hinter sich, von Nordafrika bis Bayern, zur Tschechoslowakei und Oberösterreich. Andere waren frisch vom Training am amerikanischen Festland gekommen, mit recht wenig oder gar keiner Kampferfahrung. Auch die im Kampf gestählten Krieger waren nicht auf den Anblick menschlichen Leides vorbereitet, auf die Mengen von Flüchtlingen, deren Zeugen sie wurden, die befreiten aber hungernden Zwangsarbeiter, die unaussprechlichen Gräueltaten und das Beweismaterial für Massenmorde. Die schreckliche Brutalität, die offizielle Vertreter und Förderer des *Dritten Reiches* absegneten, leiteten und überwachten, war ihnen unverständlich. Als vorrückende Truppen Konzentrationslager entdeckten, befreiten sie Zehntausende von Insassen, von denen viele bedauernswerte menschliche Skelette waren. Tausende von Gefangenen kamen bei Todesmärschen um, bei vergeblichen Versuchen, sie nicht in Alliierte Hände fallen zu lassen.

Als der Krieg in Europa zu Ende ging, besetzten die Streitkräfte der Vereinigten Staaten befreite Gebiete gemäß den Absprachen mit Großbritannien und der Sowjetunion von 1945. Kriegsführende Generäle wurden zu Verwaltern der Friedenszeit und standen vor monumentalen Herausforderungen. Die 3. Armee unter dem Kommando von George Smith Patton Junior erhielt Kontrolle über den östlichen US-Besatzungsbereich. Generalmajor Stafford LeRoy Irwins XII. Korps und Generalleutnant Walton Walkers XX. Korps wurde die direkte Verantwortung für die Verwaltung der ihnen zugewiesenen Gebiete auferlegt. Innerhalb dieser Zonen erfüllten frühere Kampfeinheiten wie Generalmajor Stanley Eric Reinharts 65. Infanterie-Division Besatzungsaufgaben.

Die Besatzungstruppen standen vor überwältigenden Herausforderungen. Massen von entwurzelten und leidenden Menschen, wie auch die menschlichen Wracks, Folgen der im *Dritten Reich* begangenen Gräueltaten, stellten noch nie dagewesene Mammut-Aufgaben dar. Die Leichen von Hunderttausenden an Grausamkeiten gestorbener Opfer waren in flachen Massengräbern verscharrt oder unbeerdigt geblieben, wo sie starben. Wo immer möglich, wurden die Körper exhumiert, um würdevoll wiederbestattet zu werden.

Hunderttausende von Achsen-Soldaten, die sich ergeben hatten, blieben in Gewahrsam, bis sie abgefertigt werden konnten. Viele wurden an die Sowjets ausgeliefert. Von denen, die unter amerikanischer Kontrolle verblieben, wurden diejenigen ausgesondert und eingesperrt, die im Verdacht standen, Kriminelle zu sein. Andere wurden entweder beim Wiederaufbau beschäftigt oder entlassen und an ihre Wohnorte vor dem Krieg zurückgeschickt.

Entwurzelte Menschen, einschließlich Tausender und Abertausender entlassener KZ-Häftlinge, befreiter Zwangsarbeiter und Flüchtlinge vieler Nationen wurden befreit, blieben aber auf dem Land auf der Suche nach Essbarem und stahlen, was immer sie finden konnten, um zu überleben. Die meisten wollten zurück in ihre Vorkriegs-Heimat. Falls bzw. sobald das möglich war, wurde ihnen von den Besatzungsmächten Transportmittel zur Verfügung gestellt.

Eine Zeitlang überforderte die gewaltige Flüchtlingssituation die Möglichkeiten der Besatzungstruppen. Im Laufe der Zeit, mit Hilfe internationaler Hilfsorganisationen und humanitärer Organisationen in den USA und der Alliierten bekamen sie das Flüchlingsproblem in den Griff. Flüchtlinge wurden in bestehende oder in aller Eile errichtete Lager eingewiesen. Dort erhielten sie die notwendige medizinische Versorgung, Nahrung und Unterkunft. Im Lauf des Sommers wurden die meisten Flüchtlinge in ihre Heimatländer rücküberstellt oder siedelten sich in Ländern an, die sie als Immigranten aufnahmen. Andere, die aus politischen oder sonstigen Gründen nicht nach Hause zurück konnten, blieben heimatlose, staatenlose Flüchtlinge, die in einem fremden Land lebten.

Die Infrastruktur von kriegsgebeutelten Ländern war am Boden zerstört. Intensives Bombardieren der Alliierten hatte Städte, Industrie-Anlagen, Häfen, Bahnhöfe und andere Anlagen von militärischer Bedeutung zerstört. Das Reparieren von Schäden, die Wiederherstellung der Infrastruktur und das Schaffen einer machbaren und erhaltbaren Wirtschaft war eine Aufgabe von epischen Ausmaßen.

Von 1948 bis 1951 haben die Vereinigten Staaten weitere 13 Milliarden Dollar in Instandsetzungsprogramme investiert, die dazu beitrugen, Nationen Stabilität zu verschaffen, die heute die Europäische Union ausmachen. Es hat das Erbe von Millionen Alliierter Soldaten ergänzt, deren Opfer den Kontinent vom Zugriff eines rücksichtslosen diktatorischen Regimes befreit und den Leuten Freiheit und Demokratie gebracht haben.

Daniel William O'Brien
Präsident des Verbandes der 11. Panzerdivision

Introduction

The United States was a reluctant participant in World War II. In the 1930's and early 1940's, the people of the United States were informed about reports of the aggressive military actions and horrendous crimes against multitudes of innocent civilians being conducted by the Axis nations, Germany, Italy, Japan, and their allies. They were astonished and abhorred by reports of atrocities.

Nevertheless, the United States Government was unwilling to become involved in a foreign war, a position that was supported by a majority of its citizens. Even though some military supplies and economic aid was being sent to the besieged United Kingdom for a considerable period of time, even that limited involvement in European affairs was controversial at home. American sympathies did favor Great Britain, particularly as the air and sea war against their World War I ally escalated, and as submarine attacks on some ships carrying the US flag had occurred.

In March, 1941, the United States Congress passed the *Lend-Lease Act.* Its announced intent was to support nations whose defense was considered vital to the defense of the United States. At a cost of 50.1 billion US dollars, it authorized sending vast amounts of food, machinery, war materials and other supplies to Allies. In return, the United States was granted long term leases to establish military bases. While direct military involvement was still unauthorized, the *Lend-Lease Act* ended the pretense that the United States was maintaining a strictly neutral position in the European conflict.

After the end of World War I, the United States had substantially demobilized its military forces. During the 1920's and through the depression years of the early 1930s, funds allocated to support the military services had dwindled. As a result, by the early 1940s the United States fielded a relatively small army, consisting of only 186,000 actively serving personnel. It possessed a limited amount of military equipment, much of which was obsolete.

The air corps was a minor branch of the US Army, equipped with mostly obsolete aircraft. While production of more modern and effective military aircraft had begun, substantial numbers of aircraft suitable for large scale modern warfare had not been secured.

In 1941, much of the country's fleet was stationed in the Pacific, where a rapidly expanding Japanese Navy comprised a substantial threat. At 7:48 am on Sunday, December 7, 1941, Japanese naval aircraft mounted a surprise attack against the US naval base at Pearl Harbor, as well as other army bases and air fields on the Hawaiian island of Oahu. In less than two hours, much of the Pacific fleet, including eight battleships, were sunk or disabled. Over 2,400 military personnel and civilians lost their lives in the attack, and over 1,200 more were wounded. The next day, President Franklin Delano Roosevelt addressed the United States Congress, declaring that a state of war now existed between the United States and the Empire of Japan. Four days later, on December 11, the *Third Reich* arrogantly announced that it was also declaring war upon the United States.

The people of the United States instantly rallied in support of a war that they had not wanted. Fortunately, a highly qualified leader was already in command of the US Army. President Roosevelt had appointed General George Catlett Marshall to serve as Army Chief of Staff. He was responsible for appointment of key army leaders, including General Dwight David Eisenhower, Supreme Commander of Allied Forces in Europe, and General Omar Nelson Bradley, Commander of the US First and Twelfth Army Groups.

With overwhelming military needs, America's industry made a quick transition to wartime military production. Mining and processing of raw materials was exponentially accelerated. Automobile assembly lines were modified to produce military vehicles, tanks and artillery. Undeveloped river banks became shipyards. Soon the Kaiser Shipbuilding Corporation was launching freight and troop-carrying vessels at the rate of one per day. Some new aircraft manufacturing plants were camouflaged as residential neighborhoods or golf courses. Research and development of war materiel and equipment was accelerated. Newly designed land craft, water craft, and air craft were produced on fast track schedules previously unheard of.

Existing military bases were expanded, and new ones sprang up. A selective service system was established, with authority to draft able-bodied individuals into the military services. By the end of 1942, over eight million former civilians wore military uniforms.

America was fighting back. Thousands of ships in convoy carried supplies and war materiel to bolster the defenses of the United Kingdom. Others delivered supplies to the Soviets at the Arctic port of Murmansk. Soon, American bombers were stationed in England, North Africa, and Italy, joining the British in attacking the war machine of Axis-dominated Europe.

By the time American troops reached the Bavarian and Bohemian Forests in the spring of 1945, the United States had been at war with the Axis nations for over three years. Once across the Rhine River, American forces had swept across central Germany at a *Blitzkrieg* pace. While pockets of stubborn German resistance were everywhere, the military machine of the *Third Reich* had been fragmented. It was being squeezed between two Allied battle fronts that were converging from the east and west. German army lines of communication and supply failed, and hopes of retreating to a defendable enclave in the somewhat mythical *National Redoubt* were shattered.

Some American soldiers were veterans of many battles, from North Africa to Bavaria, Czechoslovakia, and Upper Austria. Others had arrived fresh from training in the continental United States, with little or no combat experience. Even the most battle-hardened veterans were not prepared for the sights of human suffering, masses of refugees that they witnessed, freed but starving slave laborers, unspeakable atrocities, and evidence of mass murders. The terrible brutality sanctioned, directed, and supervised by officials and supporters of the *Third Reich* was incomprehensible to them. As concentration camps were discovered by the advancing troops, tens of thousands of inmates were liberated, many of whom were pitiful human skeletons. Thousands of prisoners perished in forced death marches, undertaken in futile attempts to keep them from falling into Allied hands.

As the war in Europe came to an end, the forces of the United States occupied liberated territories in accordance with 1945 treaties with Great Britain and the Soviet Union. Wartime generals became peacetime administrators, facing monumental challenges. The 3rd Army, under the command of General George Smith Patton, Jr., was given overall administrative control of the American eastern zone of US occupation, which included Bavaria and the US occupied part of Upper Austria. Major General Stafford LeRoy Irwin's XII Corps and Lieutenant General Walton Walker's XX Corps were assigned direct administrative responsibility for their assigned areas of control. Within those areas, former combat units such as Major General Stanley Eric Reinhart's 65th Infantry Division undertook occupation duties.

The occupying forces faced overwhelming challenges. Masses of displaced and suffering people, as well as the human wreckage resulting from *Third Reich* atrocities were challenges of unprecedented mammoth proportions. Corpses of hundreds of thousands of atrocity victims were buried in shallow mass graves, or remained unburied where they died. Where possible, bodies were exhumed, to be reburied with dignity.

Hundreds of thousands of surrendered Axis soldiers remained in custody until they could be processed. Many were extradited to the Soviets. Among those remaining under American control, suspected war criminals were sorted out and incarcerated. Others were either employed in restoration work, or processed, discharged, and sent back to their prewar homes.

Displaced persons, including thousands upon thousands of released concentration camp inmates, freed slave laborers, and refugees of many nationalities were freed, but remained loose in the countryside, foraging for food, and stealing whatever they could find in order to survive. Most wished to make their way back to pre-war homes. If and when it became possible, transportation was provided to them by the occupying forces.

For a period of time, the huge refugee situation overtaxed the resources of the occupying forces. Gradually, with the help of international relief agencies, as well as humanitarian aid from the United States and its Allies, the refugee problem became manageable. Refugees were housed in existing or hastily constructed holding facilities. There they were provided needed medical treatment, food and shelter. Over the summer, most refugees were repatriated, or resettled in countries that would accept them as immigrants. Others, who for political or other reasons were unable to return home, remained homeless, stateless refugees residing in a foreign land.

The infrastructure of battle-torn countries was in shambles. Intense Allied aerial bombing had destroyed cities, industrial facilities, ports, rail yards, bridges, and other sites of military value. Repairing that damage, restoring the infrastructure, and creating viable and sustainable economies was a task of epic proportions.

From 1948 through 1951, the United States invested an additional 13 billion US dollars in recovery programs, helping to bring stability to nations that now make up the European Union. It supplemented the legacy of millions of Allied soldiers, whose sacrifices freed the continent from the grip of a ruthless dictatorial regime, bringing freedom, liberty, and democracy to its people.

Daniel William O'Brien
President of the 11th Armored Division Association

I. Zur Waffe greifen

I. Taking up Arms

Verfemt, weil er Jude ist, verklagt Emil Burian den antisemitischen *Stürmer* wegen Beleidigung. Er ist aber gezwungen, das elitäre Stoffgeschäft der Familie zu schließen und Passau zu verlassen. Am 16. September 1929 hält er an, um einen Blick auf die öffentlich ausgestellt nationalsozialistische Propaganda zu werfen.

Ostracized as a Jew, Emil Burian successfully sues the anti-Semitic *Stürmer* magazine for slander, but is forced to shut down the family's fancy fabric store and leave Passau. On September 16, 1929, he pauses to look at the public display of National Socialist propaganda.

Gezwungen gewesen, in München ein neues Leben anzufangen, werden Anna Kathinka und Emil Burian 1941 nach Riga in Litauen deportiert, wo jede Spur von ihnen verloren geht. Ihre beiden Söhne tragen dazu bei, ihr Heimatland zu befreien und suchen nach ihren Eltern.

Forced to reinvert their lives in Munich, Anna Kathinka and Emil Burian are deported to Riga, Lativa in 1941, where all traces of them disappear. Both of their sons help liberate their homeland and search for their parents.

1919/1920, als eine Demokratie entstand und Frauen anfingen zu wählen wie auch gewählt zu werden, war Anna Kathinka Burian politisch sehr aktiv. All die Hoffnungen, die die **Passauer** Jüdin aus den Jahren davor hegte, waren Ende der 20er Jahre zerstört.

Anna Kathinka Burian was very politically active around the year 1919/1920, when a democracy was established, and women began to vote and be electable. All hopes the Passau Jewess had from that time were crushed by the late 1920s.

Nachdem er seinem Land im 1. Weltkrieg stolz als Sanitäter gedient hatte, war Emil Burian politisch aktiv, Vorsitzender des Automobilvereins und ein ausgesprochener Musikliebhaber.

Having prodly served his country as a medic in WWI, Emil Burian was politically active, president of the local automobile club and a sophisticated music lover.

Das Geschäft der Familie

The family's fabric store

Gertrude Carolina, ihre Erstgeborene, tat sich in Sport und Musik hervor und war unter den ersten Frauen, die eine Hochschule besuchte. Sie wurde zum Symbol emanzipierter Frauen der Oberschicht. Gezwungen, das Land zu verlassen, wandert die meist-diskutierte Gesellschaftsdame nach Chicago in Illinois aus.

Gertrude Carolina, their first-born, excelled in sports, music and she was among the first women to enter college. She became a symbol of emancipated upper-class women. Forced out of the country, the city's most talked-about social butterfly migrates to Chicago, IL.

Aus dem Musikstudium herausgerissen, verdingt sich Kurt in einer Berner Bar als Klavierspieler, ehe es ihm gelingt, nach Amerika auszuwandern. Dort geht er zur Armee und kehrt als Soldat nach Deutschland zurück.

Ripped out of musical studies, Kurt works as a bar pianist in Bern, Switzerland, before he manages to migrate to America, where he joins the army and returns to Germany as a GI.

Otto Heinrich, der Jüngste, hat seine Kindheit in einem Haus, von dem aus er das elterliche Geschäft am anderen Donauufer sehen konnte, nie vergessen. Nachdem er eine zionistische Jugendgruppe leitete, flüchtet Otto nach Amerika, tauscht seine Vornamen gegen Arthur ein und meldet sich zur Armee. Bei seinem Einsatz in Deutschland träumt er davon, dass Deutsche die gleichen Freiheiten haben, die er in seiner Wahlheimat liebt.

Otto Heinrich, the youngest, never forgot his childhood in a villa overlooking the Danube across from his parents' store. After leading a Zionist youth group, Otto escapes to America, changes his first name to Arthur, and enlists in the Army. Deployed to Germany, he dreams of German citizens having the freedoms he loves in his adopted country.

Alfred und Berta Bernheim, die *Merkur*, das größte Kaufhaus in der Region Passau besaßen. Jahrzehntelang schienen die Juden dazu zu gehören. In der Freizeit trugen beide Söhne Trachten.

Alfred and Berta Bernheim who owned *Merkur*, the largest department store in the greater Passau region. For decades, these Jews seemed to blend in. In their leisure time, both sons wore ethnic costumes.

Die Geschwister Felix, Siegbert und Helene Bernheim, die jahrelang im Mittelpunkt von Passaus gesellschaftlichem Leben standen. Alle drei besuchten eine liberale weiterführende Schule und taten sich sportlich hervor. Im Exil (Frankreich, Palästina, Südafrika) gelang es allen dreien, die Judenverfolgung zu überleben.

Siblings Felix, Siegbert and Helene Bernheim, who were at the center of Passau's social life.
All three attended a liberal secondary school and excelled in sports. In exile (France, Palestine, South Africa), all three managed to survive the Shoah.

Boykotte von jüdischen Geschäften wurden in Passau seit 1923 organisiert. Als der Geschäftsführer bei der Machtübernahme 1933 verhaftet wurde, forderte die gesamte „arische" Belegschaft schriftlich, dass Felix Bernheim auf freien Fuß gesetzt wird. Nach mehreren Anläufen und einem eigenen Gesuch wurde er nach sechs Wochen tatsächlich entlassen, aber die Familie musste das moderne Kaufhaus an einen Nationalsozialisten verkaufen.

Boycotts of Jewish businesses were organized in Passau from 1923. When Hitler seized power, and the managing director was arrested in 1933, the entire "Aryan" staff demanded in writing to free Felix Bernheim. After repeated appeals and his own plea, he was indeed released after six weeks but the family was forced to sell the modern department store to a National Socialist.

Felix Bernheim flüchtete über Frankreich, wo seine Schwester Helene verheiratet war, und ging in Südafrika zur Luftwaffe. Im Bild ist der Unteroffizier 1943.

Felix Bernheim escaped via France, where his sister Helene was married, and joined the South African Airforce. Pictured is the corporal in 1943.

Die Amerikaner kommen!

The Americans Are Coming!

Oberleutnant Ralph Seeman war Pilot und Flugzeugkommandant des B-24-Bordpersonals 43, zugeteilt der 766. Bomberstaffel, 461. Bombergruppe, 49. Geschwader der 15. US-Luftwaffe.

1st Lieutenant Ralph Seeman was a pilot and aircraft commander of B-24 Flight Crew 43, assigned to the 766th Bomb Squadron, 461st Bomb Group,
49th Wing of the United States 15th Air Force.

Eine B-24 Liberator unter Flakfeuer über Deutschland; aufgenommen von einem Soldaten des Bordpersonals 43.

A B-24 Liberator under flak attack over Germany. Photo by a member of Crew 43.

Der Kosename „Kissed Off Kids" von Seeman's Bomber verweist auf eine Gruppe junger Leute, die entweder Außenseiter sind oder verlassen wurden.

Nicknamed the "Kissed Off Kids", Seeman's bomber refers to a group of youngsters that are outcasts or abandoned.

Bordpersonal 43: Hintere Reihe von links nach rechts: Kopilot Kenneth Perkins, 1. Pilot Ralph Seeman, Navigator Harry Stark, Bombenschütze William Parkhurst, Bordingenieur William Thomas; vordere Reihe von links nach rechts: Bordschütze John Jeroski, Bordfunker Edwin Spetman, und die Bordschützen Fred Overton, Filadelfio Barbera, Alfred Niemara.

Crew 43: Back row left to right: Co-Pilot Kenneth Perkins, 1st Pilot Ralph Seeman, Navigator Harry Stark, Bombardier William Parkhurst, Flight Engineer William Thomas; front row left to right: Gunner John Jeroski, Radio Operator Edwin Spetman, and gunners Fred Overton, Filadelfio Barbera, Alfred Niemara.

Bordpersonal und Clomp, der blinde Passagier am Luftwaffenstützpunkt **Torretta**, Italien. Der Hund flog unerlaubterweise mit einer der Bordmannschaften nach Übersee. Als er einmal beim Antreten auftaucht und der befehlshabende Offizier brüllt „Wessen Hund ist das?", gesteht eine sanfte Stimme „Es ist meiner, Sir." Vom Offizier aufgefordert zu erklären „Wie kommt der denn hierher?", antwortet er „Er muss uns wohl gefolgt sein, Sir." Nachdem das Gelächter verstummt, wird der Hund zum Maskottchen der Staffel.

Flight Crew and Clomp, the stowaway dog at Torretta Air Base, Italy, who took an unauthorized overseas flight with one of the air crews. When the dog appears at a formation, and the officer in charge bellows, "Whose dog is that?" a meek reply from the ranks confesses, "It is mine, Sir." Prompted by the officer, "How did it get here?" the responder says, "It must have followed us, Sir." After the laughter subsides, the dog becomes the squadron mascot.

Brigadegeneral Theodore Roosevelt Jr. (1887-1944) mit Soldaten der 26. Infanterie-Division auf einem Truppentransporter am 25. Oktober 1942

Brigadier General Theodore Roosevelt, Jr. (1887-1944) with officers of the 26th Infantry Division on October 25, 1942, on a troop ship.

Arthur Burian, geboren im Herbst 1918, hätte eigentlich das elterliche Stoffgeschäft in **Passau** mit geerbt. Nachdem sein älterer Bruder Kurt ihn als Linguist empfohlen hat, wird der Gefreite Burian Eisenhowers Hauptquartier zugewiesen. Dort arbeitet er in der Aufklärungsabteilung G-2 und geht auf Jagd nach Beweismaterial.

Born in Passau in the fall of 1918, Arthur Burian would have been heir to a fancy fabric store. After his older brother Kurt recommended him as a linguist, Private Burian is assigned to Eisenhower's SHAEF. There, he works for G-2, the intelligence unit, and goes on missions to track down evidence.

Generalmajor Stafford LeRoy Irwin salutiert am 24. November 1944 vor Soldaten in **Metz**. Rechts ist General Henri-Honoré Giraud (1879–1949), Generalinspekteur des französischen Heeres.

Major General Stafford LeRoy Irwin salutes troops in Metz, France, on November 24, 1944. On the right is General Henri-Honoré Giraud (1879–1949), Inspector-General of the French Army.

Generalmajor Stafford LeRoy Irwin aus Washington DC, (1893-1955) Kommandeur der 5. Infanterie-Division, erhält am 27. November 1944 in **Metz** die Kordel der französischen Ehrenlegion. Der im Fort Monroe in Virginia geborene Sohn von Generalmajor George LeRoy Irwin mit dem Spitznamen „Roter" wird das XII. Korps an die Donau führen.

5th Infantry Division Commander, Major General Stafford LeRoy Irwin from Washington, DC, (1893-1955) being decorated with the French *Legion of Honor* in Metz, France, on November 27, 1944. Born at Fort Monroe, VA, "Red", the son of Major General George LeRoy Irwin, will lead the XII Corps to the Danube River.

Dwight David Eisenhower (1890-1969), Kommandeur der Alliierten Truppen in Westeuropa, und Generalmajor Stanley Eric Reinhart (1893-1975), der die 65. Infanterie Division im Camp Shelby, Mississippi, aufgebaut und trainiert hat. Am 10. Januar 1945 ging Reinhart an Bord eines Schiffes, um an die Front nach Europa zu gelangen.

Supreme Commander Dwight David Eisenhower (1890-1969) and Major General Stanley Eric Reinhart (1893-1975) who organized and trained the 65th Infantry Division at Camp Shelby, Mississippi. On January 10, 1945, Reinhart sailed to the European Theater of Operations.

Ennery, Frankreich, am 5. März 1945: General George Smith Patton Junior (1885-1945) begrüßt die 65. Infanterie-Division. Stanley Eric Reinhart gehört ab der Saar zu General Patton Juniors 3. Armee. Von links nach rechts: Generalleutnant Patton Junior, Oberstleutnant Russel F. Paul, Generalmajor Walton Harris Walker (1889-1950), Kommandeur des 20. Korps, und Generalmajor Reinhart.

Ennery, France, on March 5, 1945: General George Smith Patton, Jr. (1885-1945) welcomes the 65th Infantry Division. Stanley Eric Reinhart joins Patton, Jr.'s 3rd Army on the Sarre River. From left to right: Lieutenant General Patton, Jr., Lieutenant Colonel Russel F. Paul, Major General Walton Harris Walker (1889-1950), Commander of the XX Corps, and Major General Reinhart.

Soldaten im **Lager Lucky Strike** vor dem Fronteinsatz am 22. Februar 1945.

Before combat, soldiers at Camp Lucky Strike on February 22, 1945.

Pioniere der 5. Infanterie-Division bauen am 11. Februar 1945 eine befahrbare Behelfsbrücke über die **Sauer**. Um Beschuss von Artillerie oder aus der Luft zu verhindern, wird vernebelt. Bild: Leutnant M. A. Freeman

A treadway bridge being constructed across the Sauer River by 5th Infantry Division engineers on February 11, 1945. A smoke screen is set to protect the bridge from artillery and air attack. Photo by Lieutenant M. A. Freeman

Kampfkommando A der 4. Panzerdivision, Verwundete der 35. Infanterie-Division am Ufer der **Mosel**.

Combat Command A, 4th Armored Division, watching the evacuation of 35th Infantry Division wounded in the shallows of the Moselle River.

Am Schild der 95. Infanterie-Division bei **Saarlautern** am 14. Februar 1945 stehen von links nach rechts: Sam Lacaze aus Montrose in Louisiana, Jay E. Abbott aus New York City und Walter Krauthamer aus der Bronx in New York. Bild: W. J. Rothenberger

Standing near the 95th Infantry Division signboard at Saarlautern on February 14, 1945 are from left to right: Technician 5 Sam Lacaze of Montrose, LA, Technician 5 Jay E. Abbott of New York, NY, Walter Krauthamer of Bronx, NY. Photo by W. J. Rothenberger

Nachschub für die 5. Infanterie-Division aus **Dommeldingen** in Luxemburg am 15. Februar 1945: Oberstleutnant K.L. McKee aus Williamsport in Pennsylvanien von der G-4-Abteilung der 5. Infanterie-Division am Drücker und Major R. B. Shamblin aus Charleston in West Virginia im Führerstand des „Roten Diamant Express".

Lieutenant Colonel K.L. McKee of Williamsport, PA, G-4 section of the 5th Infantry Division, at the throttle, and Major R. B. Shamblin from Charleston, WV, in the cab of the "Red Diamond Express" engine, that is hauling supplies for the 5th Infantry Division from Dommeldingen, Luxemburg on February 15, 1945.

In **Wallendorf** gehen am 21. Februar 1945 zwei deutsche Panzer vergeblich vor der Artillerie des XII. Korps in Deckung.

In Wallendorf, two knocked-out German tanks sought shelter in vain from XII Corps artillery fire on February 21, 1945.

Generalmajor Willard Stewart Paul (1894-1966) aus Shrewsbury in Massachussets, Kommandeur der 26. Infanterie-Division, besucht am 1. März 1945 die Regimenter an der Front. Er wird 1948 in Pension gehen, 1956 Präsident der Gettysburg-Hochschule werden und im Nationalfriedhof von Arlington beerdigt werden.

Major General Willard Stewart Paul (1894-1966) of Shrewsbury, MA, commander of the 26th Infantry Division, inspecting front line regiments on March 1, 1945. He will retire as Lieutenant General in 1948, become president of Gettysburg College in 1956, and be buried in Arlington National Cemetery.

Als die 11. Panzerdivision ihren Einsatzbefehl nach Übersee bekam, wurden manche der gut ausgebildeten, aber älteren Mannschaften und Offiziere wegversetzt. Die 71. Infanterie-Division unter Generalmajor Willard Gordon Wyman (1898-1969) schlägt ihre erste Schlacht in **Bitsch**, einer Stadt in Elsaß-Lothringen. Als die 11. Panzerdivision diese Truppen trifft, ist unter ihnen Luigi Donato, einer ihrer beliebtesten Pioniere. Anstatt in einem Halbketten-Fahrzeug zu fahren, ist er jetzt ein Infanterist, der mit einem schweren Rucksack in einer Reihe am Straßenrand entlang trottet.

Bitche, France, on March 18, 1945: When the 11th Armored Division was alerted for overseas deployment, some of the well trained but older enlisted men and officers were transferred out. The 71st Infantry Division under Major General Willard Gordon Wyman (1898-1969) fights its first battle at Bitche, a town in Alsace-Lorraine. When the 11th AD encounters these troops, Luigi Donato, one of its most liked Combat Engineers, is among them. Instead of riding in a halftrack, he is now an infantryman trudging along in single file along the roadside with a heavy pack on his back.

Am 16. März 1945 kommt die Post zu einer Flak-Einheit bei **Serrig an der Saar** per „Pony Express". Der Reiter ist Frank E. Hooker aus Moundsville in West Virginia von der 26. Infanterie-Division. Bild: Leutnant Kenneth Elk

March 16, 1945: Mail to men of an anti-aircraft crew in the Saar Valley near Serrig comes by "Pony Express". The rider is Technician 4 Frank E. Hooker of Moundsville, W.VA, from the 26th Infantry Division. Photo by Lieutenant Kenneth Elk

19. März 1945: Die anrückende 11. Panzerdivision stoppte das Motorrad und den Soldaten in **Desloch**. Bild: Gefreiter P. Pantaleone

March 19, 1945: This motorcycle and its German soldier were stopped in their tracks at Desloch by the advancing 11th Armored Division.
Photo by Private P. Pantaleone

Fahrzeuge der 11. Panzerdivision fahren am 19. März 1945 bei **Dorrmoschel** an einem deutschen Wrack vorbei.

Vehicles of the 11th Armored Division passing wrecked and burning German armor at Dorrmoschel on March 19, 1945.

Am 20. März 1945 zeigen Soldaten des 1. Bataillons vom 260. Regiment der 65. Infanterie-Division eine Fahne her, die sie erobert haben. Bild: Unteroffizier Donald R. Ornitz

In Buss on March 20, 1945, soldiers of the 1st Battalion, 260th Regiment, 65th Infantry Division, display a captured banner. Photo by Corporal Donald R. Ornitz

Zerstörtes Pferdegezogenes Artillerie-Geschütz samt toten Pferden bei **Worms** am 20. März 1945

Destroyed enemy horse drawn artillery piece and dead horses near the city of Worms on March 20, 1945

24. März 1945: Generalleutnant George Smith Patton Junior, Kommandeur der 3. Armee, und Generalmajor Manton Sprague Eddy (1892–1962), Kommandeur des XII. Korps, lesen an der Behelfsbrücke über den Rhein bei **Oppenheim** eine Karte. Dort hat die 5. Infanterie-Division tags zuvor einen Brückenkopf gebildet.

March 24, 1945: US 3rd Army Commander, Lieutenant General George Smith Patton, Jr. and XII Corps Commander, Major General Manton Sprague Eddy (1892–1962) checking a map at the Rhine River pontoon bridge crossing near Oppenheim. The 5th Infantry Division had established the bridge head on the previous day.

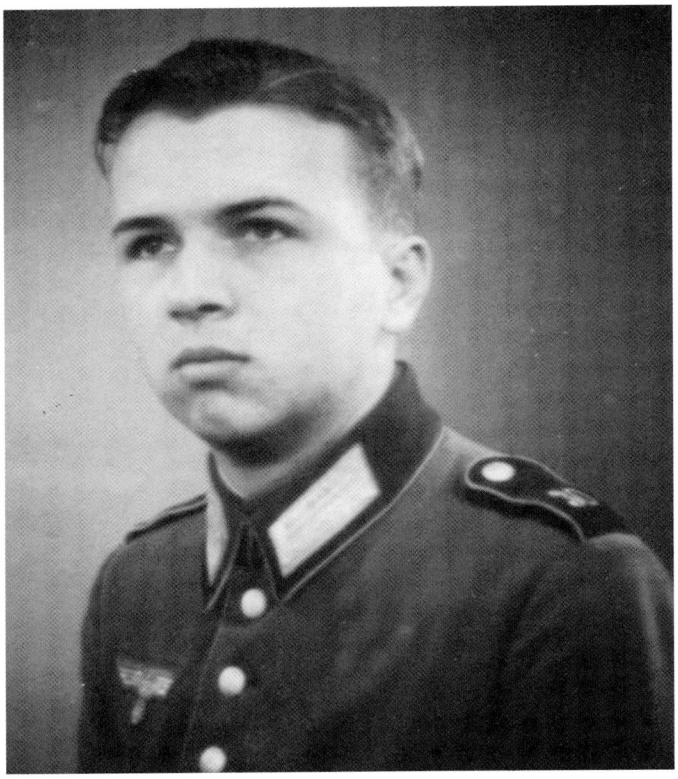

Am 30. März 1945 wird die „Lazarettstadt" **Bad Wildungen** an Generalleutnant William Simpsons 9. Armee übergeben. Um Platz für amerikanische Hauptquartiere zu schaffen, werden der 17-jährige Georg Rosmus und andere deutsche Verwundete aus Hotels wie dem Fürstenhof und Kaiserhof ins Landratsamt verlegt, das ebenfalls als Lazarett dient.

On March 30, 1945, the "field hospital town" of Bad Wildungen surrenders to Lieutenant General William Simpson's 9th Army. To make space for American headquarters, 17-year-old Georg Rosmus and other German casualties are transferred from hotels such as the Fürstenhof and the Kaiserhof to the county's administration building which also serves as a field hospital.

Soldaten vom 328. Regiment der 26. Infanterie-Division retten am 31. März 1945 ein einheimisches Pferd, das bei Serrig in einen Schützengraben fiel. Bild: Anders

GIs of the 328th Regiment, 26th Infantry Division, rescue a captured horse that fell into a German trench at Serrig on March 31, 1945. Photo by Anders

Am 1. April 1945 erhält General Omar Nelson **Bradley** (1893-1981) aus Missouri von seinen Hilfen Major Lewis Bridge (links) und Major Chester Hansen den vierten Stern. Bradley befehligt die 12. Heeresgruppe, mit 1,3 Millionen Mann die größte Truppe, die je unter einem amerikanischen General diente.

On April 1, 1945, General Omar Nelson Bradley (1893-1981) from Missouri receives his fourth star from his aides, Major Lewis Bridge (left), and Major Chester Hansen. Bradley leads the 12th Army Group, with 1.3 million men, the largest body of American soldiers ever commanded under one field commander.

Unterwegs zum brennenden **Obernust**: Eine Artillerie-Kolonne der 11. Panzerdivision am 1. April 1945 beim zweiten Ansturm auf den Rhein. Bild: Leutnant Jack Cohen

11th Armored artillery column on the road to the burning town of Obernust, during the second attack of the Rhine River on April 1, 1945. Photo by Lieutenant Jack Cohen

Der Obergefreite Joseph A. Rupacz aus Philadelphia in Pennsylvanien schaut am 3. April 1945 in **Fulda** in die Tür einer Panzerattrappe. Vorn steht der Obergefreite Jack S. Behar aus New York City, und der Obergefreite Nathan Kramer auch Chicago in Illinois, alle von der 26. Infanterie-Division, er untersucht die Kanone. Bild: W. J. Rothenberger

Private First Class Joseph A. Rupacz of Philadelphia, PA, looking inside the door of a dummy tank in Fulda on April 3, 1945. First Class Jack S. Behar of New York, NY, (front) and Private First Class Nathan Kramer of Chicago, IL, all 26th Infantry Division, examines the turret. Photo by W. J. Rothenberger

Am 31. März 1945 entfernen Pioniere der 11. Panzerdivision eine Tellermine bei **Wallroth**. Der Panzer im Hintergrund wurde von einer solchen kampfunfähig gemacht.

On March 31, 1945, engineers of the 11th Armored Division removing an enemy mine planted in the roadway near Wallroth. The tank in the background was disabled by one of those

Amerikanische Soldaten schießen am 6. April 1945 das Schloß am Hammelburger Gefangenenlager weg, um Alliierte Offiziere zu befreien. Bild: Joseph A. Bowen

On April 6, 1945, American soldiers are shooting off the lock of Hammelburg's prison gate to release imprisioned Allied officers. Photo by Technican 5 Joseph A. Bowen

Am 8. April 1945 im Salzbergwerk bei **Merkers** entdeckt: Säcke voller versteckter Goldmünzen und –Barren.

Bags of gold coins and bars found stored in a salt mine at Merkers on April 8, 1945.

Die Generäle Eisenhower, Bradley und Patton Junior am 12. April 1945 mit dem Kommandeur der 90. Infanterie-Division beim Begutachten der Kunstwerke im Salzbergwerk von **Kaiseroda**. Bild: Leutnant Moore

Generals Eisenhower, Bradley and Patton, Jr. joining the commander of the 90th Infantry Division on April 12, 1945, to inspect artworks stashed away in the Kaiseroda salt mine. Photo by Lieutenant Moore

Am 12. April 1945 begutachten die Generäle Eisenhower, Bradley und Patton Jun. die Schätze, die die 90. Infanterie-Division entdeckt hat.

On April 12, 1945, the generals Eisenhower, Bradley and Patton, Jr. inspect the treasures discovered by the 90th Infantry Division.

Ein amerikanischer Offizier begutachtet am 15. April 1945 Raubgut. Bild: Unteroffizier D. Ornitz

American officer checking more loot on April 15, 1945. Photo by Corporal Donald Ornitz

Brigadegeneral Herbert Ludwell Earnest (1895-1970), Kommandeur der 90. Infanterie-Division

Brigadier General Herbert Ludwell Earnest (1895-1970), commander of the 90th Infantry Division.

Generalleutnant Adolf von Kleist nach der Gefangennahme am 11. April 1945 in **Leveste**.

Lieutenant General Adolf von Kleist captured at Leveste on April 11, 1945.

Panzerjäger der 26. Infanterie-Division warten auf dem Weg nach **Eisfeld** auf die Beseitigung der Panzersperre. Bild: Obergefreiter J. R. Bradley

A dice game passes the time for the tank destroyers of the 26th Infantry Division awaiting a roadblock removal en route to Eisfeld on April 12, 1945. Photo by Private First Class J. R. Bradley

10. April 1945: Soldaten auf einem Panzer des Kampfkommandos B der 11. Panzerdivision. Ein Geschütz in Steinfeld feuerte Propaganda nach **Rodach.** Direkt beschossen wurde ein vermuteter Aufklärer-Stützpunkt. Bild: Obergefreiter P. Pantaleone

April 10, 1945: Soldiers on a tank of Combat Command B, 11th Armored Division. A gun in Steinfeld fired progaganda shells into Rodach. A firing mission was also directed on a suspected enemy Observation Post. Photo by Private First Class P. Pantaleone

Halbkettenfahrzeug des 21. Panzergrenadier-Bataillons der 11. Panzer-Division in **Rodach** mit Kolonnen deutscher Kriegsgefangener.

Halftrack of the 21st Armored Infantry Battalion, 11th Armored Division, passing a column of German prisoners of war at Rodach.

Vom 10. auf den 11. April 1945 wird **Coburg** von der 11. Panzerdivision und der 71. Infanterie-Division eingenommen. Hier trifft Hauptmann William Marland im Schloss des Herzogs deutsche Vertreter der Stadt, um die Kapitulation entgegen zu nehmen.

On April 10-11, 1945, Coburg falls to the 11th Armored Division and the 71st Infantry Division. Captain William Marland meets German officials at the home of the Duke of Coburg to accept the surrender of the town.

Der deutsche Adler in **Meiningen** dient dem 93. Nachrichten-Bataillon als Telefonmast.

German Eagle on top of a National Socialist monument at Meiningen is serving as a telephone pole for the American 93rd Signal Battalion.

Militärpolizei bewacht den Eingang zum Hauptquartier des XII. Korps in **Meiningen**, wo eine vollständige Kartei über Kriegsgefangene in Deutschland aufbewahrt wurde.

Military policeman guarding the entrance to the XII Corps Headquarters Command Post in Meiningen, where complete files of PWs in Germany were kept.

Am 11. April 1945 wehen in **Coburg** weiße Fahnen der Kapitulation. Soldaten von Generalmajor Willard Gordon Wymans 5. Regiment der 71. Infanterie-Division stehen geschützt, als ein alliierter Panzer auf Scharfschützen am Ende der Straße zurollt.

White flags of surrender fly in Coburg on April 11, 1945. Soldiers of Major General Willard Gordon Wyman's 5th Regiment, 71st Infantry Division, stand in a shelter as an Allied tank advances on snipers at the end of the street.

Am 11. April 1945 hat die 11. Panzerdivision **Coburg** fest im Griff. Die weißen Streifen auf der Straße zeigen Alliierten Flugzeugen an, dass die Stadt kapituliert hat.

April 11, 1945: White stripes placed on a street are a surrender sign for Allied planes in Coburg, which is held by the 11th Armored Division.

Am 12. April 1945 in den bewaldeten Hügeln bei **Geraberg**, Soldaten von Generalmajor Reinharts 65. Infanterie-Division. Bild: Feldwebel B. Hawkins

Soldiers of Major General Reinhart's 65th Infantry Division moving through wooded hills near Geraberg on April 12, 1945. Photo by Sergeant B. Hawkins

Ein Panzerjäger des 208. Panzerjäger-Bataillons fährt an Soldaten der 65. Infanterie-Division vorbei, die auf ihrem Weg nach Bayern sind.

Tank Destroyer of the 208th Tank Destroyer Battalion passing 65th Infantry Division troops in their advance toward Bavaria.

Generalmajor Stanley Eric Reinhart's Soldaten auf dem Vormarsch nach Bayern

Major General Stanley Eric Reinhart's men moving up.

Ein Panzer der 11. Panzerdivision fährt in **Kronach** ein, wo am 12. April 1945 Gebäude brennen.

A tank of the 11th Armored Division entering Kronach as buildings burn on April 12, 1945.

Generalmajor Reinhart's Nachrichten-Abteilung schafft mit ihrer Datenauswertung im April 1945 die Grundlagen für den Endspurt.

Major General Reinhart's intelligence section in April, 1945, laying the groundwork for final operations.

Soldaten vom 101. Regiment der 26. Infanterie-Division am 15. April 1945 in **Kronach** bei einem brennenden deutschen Tanker.

Men of the 101st Regiment, 26th Infantry Division, dashing past a blazing German gasoline trailer in Kronach on April 15, 1945.

Am 12. April 1945 rollen Fahrzeuge der 11. Panzerdivision durch **Kronach**. Bild: Gefreiter Joseph Scrippens

Vehicles of the 11th Armored Division moving through Kronach on April 12, 1945. Photo by Private Joseph Scrippens

Daniel William O'Brien ist der 11. Panzerdivision zugewiesen, Verbindungsmann der Kompanie A des 56. schweren Pionierbataillons. Er wird Präsident des Vereins der 11. Panzerdivision und dessen Website-Redakteur.

After transfer to the 11th Armored Division, Daniel William O'Brien is the liaison runner for Company A, 56th Armored Engineer Battalion. He becomes president of the 11th Armored Division Association and its website editor.

Das 55. Panzergrenadier-Bataillon der 11. Panzerdivision kommt am 12. April 1945 in **Kronach** an.

The 55th Armored Infantry Battalion, 11th Armored Division, occupying Kronach on April 12, 1945.

Hauptfeldwebel George A. Band aus Phoenix in Arizona begutachtet am 9. April 1945 *Volkssturm*-Gewehre der Firma Walther in **Zella-Mehlis.**

1st Sergant George A. Band of Phoenix, AZ, inspecting *Volkssturm* rifles at the Walther factory in Zella-Mehlis on April 9, 1945.

Brigadegeneral Merrill Ross (1895–1960) aus Dothan in Alabama, Artilleriekommandeur der 26. Infanterie-Division, beim Befragen eines Hitlerjungen, der am 14. April 1945 bei **Kronach** gefangen genommen wurde.

Brigadier General Merrill Ross (1895–1960) of Dothan, AL, commander of the 26th Infantry Division's artillery, questioning a Hitler Youth captured near Kronach on April 14, 1945.

Hauptmann C. E. Jack aus Hull-Daisetta in Texas von der DP-Abteilung erklärt befreiten sowjetischen Zwangsarbeitern in **Eisfeld** die Regeln der amerikanischen Militärregierung. Dabei helfen ihm (rechts) ein jugoslawischer Übersetzer und der Obergefreite Nathan van Lunwen aus New York.

Captain C. E. Jack of Hull-Daisetta, TX, from the DP-Detachment, explaining the rules of US Military Government to liberated Soviet slave laborers in Eisfeld. Assisting on the right are a Yugoslav interpreter and Private First Class Nathan van Lunwen of New York, NY.

Am 13. April 1945 berät sich Brigadegeneral William Morris Hoge (1894–1979) von der 4. Panzerdivision bei **Jena** mit Oberst Sears.

Brigadier General William Morris Hoge (1894–1979) of the 4th Armored Division near Jena conferring with Colonel Sears, commander of his Combat Command A on April 13, 1945.

Am 14. April 1945 treiben Soldaten der 71. Infanterie-Division in **Ebersdorf** Zivilisten zusammen, um die Flucht prominenter National-Sozialisten zu verhindern. Bild: Leutnant J. S. Cohen

On April 14, 1945, civilians of Ebersdorf are rounded up by men of the 71st Infantry Division for "screening" to prevent the escape of prominent Nazis. Photo by Lieutenant J. S. Cohen

Major Earnest L. Booch, Kommandeur der Militärpolizei der 11. Panzerdivision mit gefangenen Hitlerjungen beim befragen zweier kleiner Soldaten. Bei ihrer Gefangennahme in der Nähe von **Kulmbach** hatten sie noch keine Waffen erhalten. Booch stirbt 1979. Bild: English

Major Earnest L. Booch of Quincy, IL, Provost Marshal of the 11th Armored Division, interrogating two child soldiers on April 15, 1945. Captured near Kulmbach, they were not yet issued arms. Booch dies in 1979. Photo by English

Am 15. April 1945 wurden die beiden Jungen, die hier mit ihren Müttern abgebildet sind, bei **Kulmbach** gefangen genommen.

On April 15, 1945, these two boys pictured with their mothers, were captured near Kulmbach.

Eine gepanzerte Kolonne der Amerikaner trifft am 14. April 1945 in **Liebenstein** ein.

American armored column entering Liebenstein on April 14, 1945.

Soldaten der 99. Infanterie-Division am 16. April 1945 in **Sundwig** mit etwa 6.000 gefangenen deutschen Soldaten. Bild: Gefreiter Charles Herr Jr.

Soldiers of the 99th Infantry Division are loading some of the approximately 6,000 captured Axis German soldiers in Sundwig on April 16, 1945. Photo by Private Charles Herr Jr.

Gepanzerte Kolonne des Kampfkommando A der 11. Panzerdivision bei der Einnahme von **Bayreuth.**

Armored Clumn of Combat Command A, 11th Armored Division, advancing during the capture of Bayreuth.

Zivilisten in **Bayreuth** werden am 14. April 1945 evakuiert.

Civilians evacuating Bayreuth on April 14, 1945.

Kompanie B vom 127. Pionierbataillon, das der 71. Infanterie-Division zugeteilt ist, beim Wegräumen von Schutt, nachdem es in **Bayreuth** am 15. April 1945 ein Haus sprengte, das in einer Zeile brennender Häuser stand. Bild: Obergefreiter Raymond D. Fisher

Company B, 127th Engineer Battalion, attached to the 71st Infantry Division, cleaning up debris after blasting a house in the path of fire sweeping through buildings in Bayreuth on April 15, 1945. Photo by Private First Class Raymond D. Fisher

Jeep der 11. Panzerdivision am 19. April 1945 am Festspielhaus in **Bayreuth**.

Jeep of the 11th Armored Division in Bayreuth on April 19, 1945.

Am 21. April 1945 sitzt Unteroffizier Lester Carlson aus Minneapolis in Minnesota vom Feldartillerie- Bataillon 2730 am New Yorker Steinway-Piano von 1876, von Richard Wagner in **Bayreuth.** Bild: Dougall

On April 21, 1945, Corporal Lester Carlson of Minneapolis, MN, from Field Artillery Battalion 2730 sitting at the 1876 Steinway Grand Piano from New York that was once played by composer Richard Wagner in Bayreuth. Photo by Dougall

Ein zerstörtes deutsches Flugzeug auf dem Rollfeld bei **Bayreuth** am 17. April 1945.

A destroyed German plane at the airfield in Bayreuth on April 17, 1945.

Die Mannschaft einer C-47 beim Entladen von Treibstoff in Fünf-Gallonen-Behältern außerhalb von **Bayreuth**.

Crew of a C-47 unloading five-gallon cans of gasoline outside of Bayreuth.

Treibstoff, der zur Versorgung der 11. Panzerdivision und der 26. Infanterie-Division von einer C-47 eingeflogen wurde, beim Verladen auf ein Halbkettenfahrzeug des 840. Pionierbataillons.

Fuel transported by a C-47 cargo plane being loaded into a halftrack of the 840th Engineer Battalion for delivery to the 11th Armored Division and the 26th Infantry Division.

Benzinlieferung aus einer C-47, dem „fliegenden LKW", für das XII. Korps auf einem Rollfeld bei **Bayreuth** am 21. April 1945

Gasoline delivery for the XII Corps being unloaded from C-47 "flying trucks" at a captured airfield near Bayreuth on April 21, 1945.

Amerikanische Soldaten in einer geräumten 8,8-cm-Flak-Stellung.

American soldiers in front of a cleared 88-mm anti-aircraft gun position.

Soldaten der 90. Infanterie-Division am 15. April 1945 in **Hof**.

Soldiers of the 90th Infantry Division in Hof on April 15, 1945.

15. April 1945 in **Hof** - Soldaten des 358. Infanterie-Regiments mit einem deutschen Kriegsgefangenen.

Soldiers of the 358th Infantry Regiment and a captured German soldier on a street in Hof on April 15, 1945.

15. April 1945 Motorisierte Abteilung der 90. Infanterie-Division beim Einmarsch in **Hof**.

Enemy car destroyed by motorized troops of the 90th Infantry Division moving into Hof on April 15, 1945.

Fischbach, am 17. April 1945: Lager von 6.000 befreiten sowjetischen Kriegsgefangenen. Viele von ihnen haben Typhus. Bild: Arland B. Musser

Fischbach on April 17, 1945: Encampment of 6,000 liberated Soviet prisoners of war, many of whom have typhus. Photo: Technician 4 Arland B. Musser

Am 19. April 1945 erkundet ein M-4 Sherman der 11. Panzerdivision **Vorbach**.

An M-4 Sherman tank of the 11th Armored Division reconnoiters at Vorbach on April 19, 1945.

Vom Egerland nach Prag

From Cheb to Prague, Czechoslovakia

Soldaten der 90. Infanterie-Division kommen nach **Gottmannsgrün**, das am 14. April 1945 noch von den Deutschen gehalten wird.

Soldiers of the 90th Infantry Division enter Trojmezí, Czechoslovakia, which is still occupied by a company of German soldiers on April 14, 1945.

US-Panzer und Soldaten des 358. Infanterie-Regiments am 18. April 1945 beim Überqueren der Grenze in **Gottmannsgrün**.

Tanks and soldiers of the 358th Infantry Regiment crossing the border at Trojmezí, Czechoslovakia, on April 18, 1945.

Am 18. April 1945 weht eine weiße Fahne der Kapitulation vor einem Haus in **Prex** nahe der tschechoslowakischen Grenze. Soldaten mit erhobenen Händen. Sie ergeben sich der 90. Infanterie-Division, während Zivilisten in aller Eile ihr Hab und Gut aus dem Haus holen.
Bild: James A. Ryan

On April 18, 1945, a white flag of surrender waves in front of a burning house in Prex, a gateway to Czechoslovakia. Snipers are coming out, hands in the air. They surrender to the 90th Infantry Division while civilians frantically remove belongings from their home. Photo by Technician 4 James A. Ryan

Am 18. April 1945 um 9.55 Uhr überschreiten Soldaten des 358. Regiments der 90. Infanterie-Division bei **Prex** die Grenze zur Tschechoslowakei.

On April 18, 1945, at 9:55 am, soldiers of the 358th Regiment, 90th Infantry Division, cross the border into Czechoslovakia near Prex.

Gefangene des 387. Regiments der 97. Infanterie-Division in **Eger** werden am 26. April 1945 in das Gefangenenlager geführt. Bild: Obergefreiter Howard E. James

Captured by the 387th Regiment, 97th Infantry Division, prisoners of war at Cheb, Czechoslovakia, are marched into a stockade on April 26, 1945. Photo by Private First Class Howard E. James

Ein befreiter sowjetischer Kriegsgefangener am 27. April 1945 in **Eger** beim Teigkneten, um Brot zu backen.

A liberated Soviet prisoner of war kneading dough to bake bread in Cheb, Czechoslovakia, on April 27, 1945.

Der Gefreite Leonard C. Wegner aus South Bend in Indiana vom 387. Infanterie-Regiment durchsucht am 26. April 1945 in **Eger** einen 14-jährigen Hitlerjungen. Bild: Obergefreiter Howard E. James

Private Leonard C. Wegner of South Bend, IN, from the 387th Infantry Regiment, searching a 14-year-old Hitler youth in Cheb, Czechoslovakia, on April 26, 1945. Photo by Private First Class Howard E. James

Ein Halbkettenfahrzeug der Kompanie A vom 55. Panzergrenadier-Bataillon der 11. Panzerdivision 27. April 1945 beim Einfahren in die Tschechoslowakei bei **Leopoldsreut**.

Halftrack of Company A, 55th Armored Infantry Battalion, 11th Armored Division, crossing the border into Czechoslovakia near Leopoldsreut on April 27, 1945.

Pioniere vom 315. Bataillon des 358. Infanterie- Regiments beim Entfernen einer Straßensperre in **Klenec** am 30. April 1945.

Engineers of the 315th Battalion, 358th Infantry Regiment, removing a roadblock at Klenec, Czechoslovakia, on April 30, 1945.

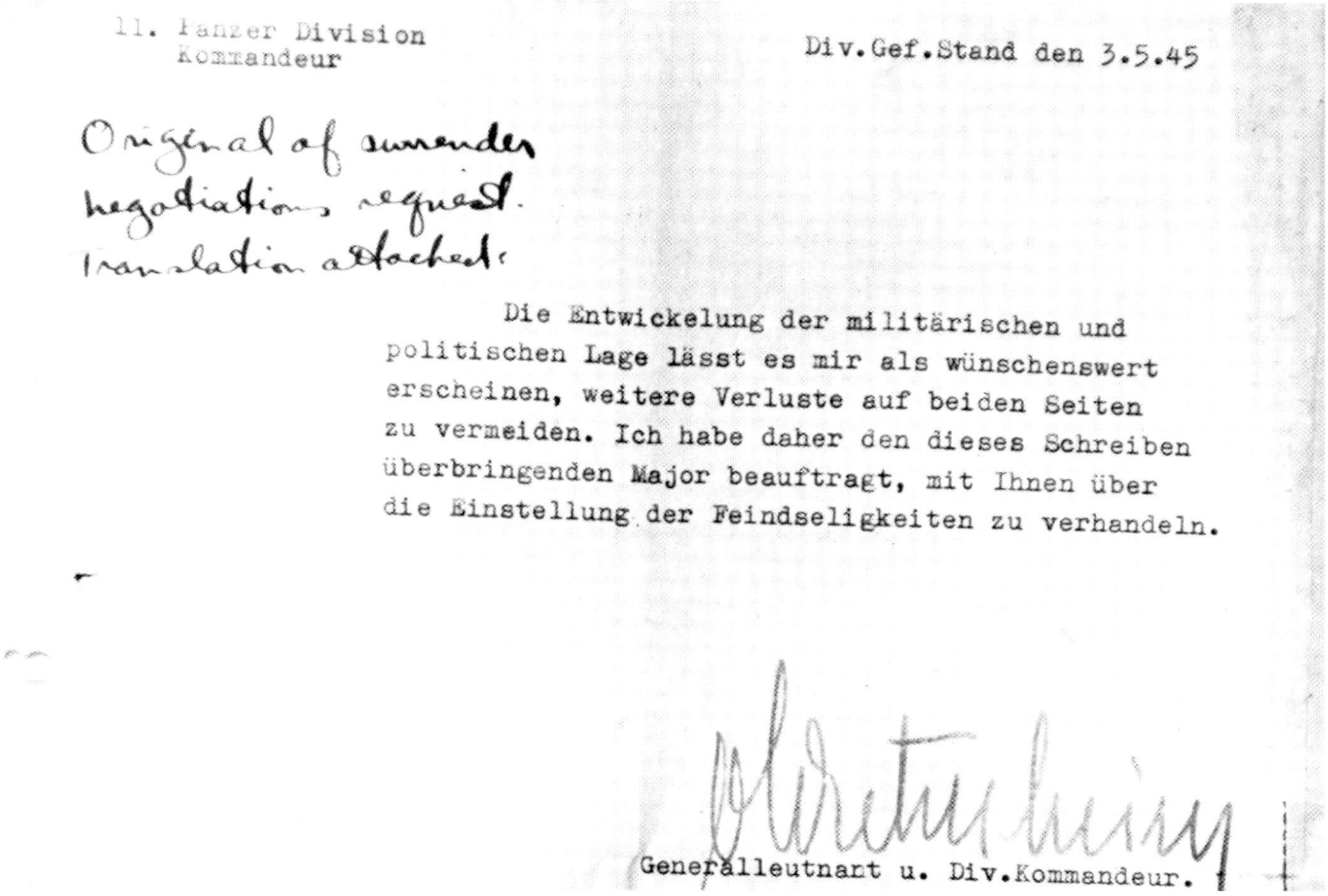

11. Panzer Division
Kommandeur

Div.Gef.Stand den 3.5.45

Original of surrender negotiation request. Translation attached.

Die Entwickelung der militärischen und politischen Lage lässt es mir als wünschenswert erscheinen, weitere Verluste auf beiden Seiten zu vermeiden. Ich habe daher den dieses Schreiben überbringenden Major beauftragt, mit Ihnen über die Einstellung der Feindseligkeiten zu verhandeln.

v. Wietersheim
Generalleutnant u. Div.Kommandeur.

Brief von Generalleutnant Wend von Wietersheim (1900–1975), in dem er um Verhandlungen zur Kapitulation der 11. Panzerdivision ersucht.

Letter request of Lieutenant General Wend von Wietersheim (1900–1975) to negotiate the surrender of Germany's 11th Armored Division.

Generalleutnant Wend von Wietersheim (1900-1975) kapituliert am 4. Mai 1945 vor dem Brigadegeneral Herbert Ludwell Earnest (1895-1970), Kommandeur der 90. Infanterie-Division.

On May 4, 1945, Lieutenant General Wend von Wietersheim (1900-1975) surrenders to Brigadier General Herbert Ludwell Earnest (1895-1970), commander of the 90th Infantry Division.

Soldaten der 90. Infanterie-Division und der 2. Kavallerie-Gruppe warten darauf, General Wend von Wietersheim fotografieren zu können, wie er am 4. Mai 1945 nach seiner Kapitulation in **Vseruby** herauskommt.

Soldiers of the 90th Infantry Division and of the 2nd Cavalry Group waiting outside to photograph General Wend von Wietersheim emerging from his surrender at Vseruby, Czechoslovakia, on May 4, 1945.

US-Soldaten des 1. Bataillons vom 38. Regiment der 2. Infanterie-Division kommen am 6. Mai 1945 in **Stankau** an.

Soldiers of the 1st Battalion, 38th Regiment of the 2nd Infantry Division arriving in Stankov, Czechoslovakia, on May 6, 1945.

Generalleutnant Wend von Wietersheim am 4. Mai 1945 beim Überlegen, wie die Kapitulation in **Neumark** auszuführen ist.

General Wend von Wietersheim discussing how to carry out the surrender of troops in Vseruby, Czechoslovakia, on May 4, 1945.

Wend von Wietersheim, der frühere Kommandeur der deutschen 11. Panzerdivision und Stab in **Neumark** am 5. Mai 1945: Alle Fahrzeuge haben weiße Fahnen.

Wend von Wietersheim, once the commanding general of Germany's 11th Armored Division, and staff in Vseruby, Czechoslovakia, on May 5, 1945: All vehicles are flying white flags.

Nachdem die Stadt von der 16. Panzerdivision erobert ist, gibt der Obergefreite Benjamin Bednarz aus Brooklyn in New York Kindern in **Pilsen** Kaugummi. Bild: T. A. Peters

After the city falls to the 16th Armored Division, Private First Class Benjamin Bednarz of Brooklyn, NY, gives gum to children of Plzen, Czechoslovakia. Photo by Technician 4 T. A. Peters

Schüttenhofen, am 6. Mai 1945: Einheimische begrüßen die ersten Fahrzeuge der 4. Panzerdivision. Bild: Obergefreiter E. P. Margerum

Susice, Czechoslovakia, on May 6, 1945: Local residents welcome the first vehicles of the 4th Armored Division liberating their town.
Photo by Private First Class E. P. Margerum

Hissen der amerikanischen Flagge, als der tschechoslowakische Nationalrat und die 4. Panzerdivision das Kriegsende in **Schüttenhofen** begehen. Bild: Leutnant Joseph M. Zinni

The American flag is raised as the Czechoslovak National Council and the 4th Armored Division mark VE-Day in Susice.
Photo by Lieutenant Joseph M. Zinni

Soldaten der 97. Infanterie-Division ducken sich hinter ein Halbkettenfahrzeug. Ein verlassenes Fahrrad samt Hut und Gepäck liegen am 6. Mai 1945 auf einem Gehsteig in **Pilsen**.

Soldiers of the 97th Infantry Division crouch in shelter of a halftrack. Abandoned bicycle, luggage and hat lie on a sidewalk in Plzen, Czechoslovakia, on May 6, 1945.

Toter Scharfschütze am 6. Mai 1945 in **Pilsen.**

Dead sniper in Plzen, Czechoslovakia, on May 6, 1945.

Mit einem Kuss willkommen geheißen: **Prag** am 8. Mai 1945.

Welcomed with a kiss in Prague on May, 8, 1945.

Obergefreiter Sherman Apt, ein Signal-Korps-Fotograf von der 165. Kompanie der 97. Infanterie-Division aus Kunkle in Ohio ist von tschechoslowakischen Mädchen umringt, die ihre Befreier am 6. Mai 1945 in **Pilsen** in Trachten begrüßen. Bild: Charles S. Sellers

Private First Class Sherman Apt, a Signal Corps photographer from the 165th Company, 97th Infantry Division from Kunkle, OH, is surrounded by Czechoslovakian girls in ethnic costumes welcoming the liberators in Plzen, Czechoslovakia, on May 6, 1945. Photo by Technician 5 Charles S. Sellers

Sanitäter des 803. Jagdpanzer-Bataillons der 5. Infanterie-Division leisten einem verwundeten Soldaten auf einem Panzer bei **Kuschwarda** am 6. Mai 1945 erste Hilfe.

Medics of the 803rd Tank Destroyer Battailon, 5th Infantry Division, providing first aide to a wounded soldier on a tank near Kunzvart, Czechoslovakia, on May 6, 1945.

Teile der 26. Infanterie-Division marschieren am 7. Mai 1945 in **Schlag** ein.

Elements of the 26th Infantry Division arrive in Cizkrajice pod Chobolkou, Czechoslovakia, on May 7, 1945.

Am 7. Mai 1945 wartet Generalleutnant Dr. Fritz Benicke in **Schönfeld** darauf, die Kapitulation von etwa 70.000 seiner Soldaten zu unterzeichnen. Links von ihm steht Hauptmann Alfred Verch und Stabschef Major Herbert Schober. Bild: Obergefreiter Ernest M. Chapman

May 7, 1945: At Krásno, Czechoslovakia, Lieutenant General Dr. Fritz Benicke, center, waits to sign the surrender of approximately 70,000 soldiers under his command. Waiting with him are Captain Alfred Verch, left, and chief of staff Major Herbert Schober. Photo by Ernest M. Chapman

Ein Teil des riesigen Gefangenenlagers, das amerikanische Militärpolizei für Soldaten der 11. Panzerdivision in **Wohlau** absteckte.

Part of the huge enclosure set up by military police in Volyne, Czechoslovakia, to intern members of Germany's 11th Armored Division.

Ein amerikanisches Halbkettenfahrzeug samt Besatzung am 7. Mai 1945 vor den beschädigten Skoda-Werken in **Pilsen**.

US army halftrack and crew at the damaged Skoda Works in Plzen, Czechoslovakia, on May 7, 1945.

Gepanzerte Einheiten des 85. Korps ergeben sich am 7. Mai 1945 in **Schwarzbach** der 26. Infanterie-Division. Das amerikanische Halbkettenfahrzeug war erobert und von Deutschen genutzt worden.

Armored units of the 85th Corps surrender to the 26th Infantry Division in Cerna v. Posumavi, Czechoslovakia, on May 7, 1945. The US halftrack had been captured and used by Germans.

Oberst Wilhelm Meyer-Detring vom Oberkommando der Wehrmacht bei der Kapitulation vor dem Spähtrupp der 16. Panzerdivision auf einem Rollfeld in Pilsen am 8. Mai 1945.

Colonel Wilhelm Meyer-Detring from the *Wehrmacht*'s High Command surrendering to the Reconnaissance Squadron of the 16th Armored Division at an airfield in **Plzen** on May 8, 1945.

Oberfeldwebel Meyer Rodelle aus Monticello in New York von der 16. Panzerdivision hält ein Baby, während Einheimische am 8. Mai 1945 die Ankunft der amerikanischen Soldaten in **Belchous** bejubeln.

Staff Sergeant Meyer Rodelle of Monticello, NY, from the 16th Armored Division holding a baby as local residents cheer the arrival of American soldiers at Belchous, Czechoslovakia, on May 8, 1945.

Amerikanische Soldaten treffen am 8. Mai 1945 in Pilsen auf deutsche Flüchtlinge.

Refugees encountered by American troops in **Plzen**, Czechoslovakia, on May 8, 1945.

Bei einer Feier der 1. Infanterie-Division anlässlich des Kriegsendes am 8. Mai 1945 in **Eger** wird die Fahne gehalten. Bild: Jack Kitzerow

On May 8, 1945 in Cheb, Czechoslovakia, colors are held at attention during a VE-Day ceremony of the 1st Infantry Division. Photo by Technician 3 Jack Kitzerow

Deutsche Soldaten und ihre Verbündeten kommen am 9. Mai 1945 an der festgesetzten Kapitulationsstelle an. An der Stadtgrenze von **Karlsbad** machen sie die Straße frei und warten auf weitere Befehle. Soweit das Auge reicht, sind die Felder voller Soldaten und Fahrzeuge.

Axis soldiers arriving at the predetermined surrender line on May 9, 1945. They move off the road on the outskirts of Karlovy Vary, Czechoslovakia, and await further orders. As far as the eye can see, the fields are filled with men and vehicles.

Am 9. Mai 1945 warten befreite amerikanische Kriegsgefangene beim Stalag **Schwarzenberg** an der tschechoslowakischen Grenze auf ihre Heimreise. Foto: James F. Clancy

On May 9, 1945, liberated American prisoners of war are waiting for repatriation at the Schwarzenberg Stalag near the Czech border. Photo by Technician 5 James F. Clancy

Deutsche und amerikanische Offiziere am 8. Mai 1945 beim Verlassen eines Büros in **Prag**, wo die Kapitulation der deutschen Truppen und ihrer Verbündeten unterzeichnet wurde. Bild: Troy A. Peters

On May 8, 1945, German and American officers emerge from an office in Prague where the surrender of Axis soldiers in Czechoslovakia was effected. Photo by Technician 4 Troy A. Peters

Pernek, am 8. Mai 1945: Meilenlange Kolonnen von ungarischen und deutschen Kriegsgefangenen auf ihrem Weg in die Gefangenschaft. Sie haben sich nach Ablauf des Ultimatums der 26. Infanterie-Division ergeben. Bild: Obergefreiter J. R. Bradley

Pernek, Czechoslovakia, on May 8, 1945: Columns of Hungarian and German prisoners of war, in lines miles long, moving along to their enclosure. They surrendered to the 26th Infantry Division after receiving an ultimatum. Photo by Private First Class J. R. Bradley

9. Mai 1945 in **Schüttenhofen**: Brigadegeneral William M. Hoge (1894-1979) spricht zu Zivilisten und Soldaten der 4. Panzerdivision und der 90. Infanterie-Division. Bild: Leutnant Joseph M. Zinni

May 9, 1945, in Susice, Czechoslovakia: Brigadier General William M. Hoge (1894-1979) speaking to civilians and soldiers of the 4th Armored Division and 90th Infantry Division. Photo by Lieutenant Joseph M. Zinni

Brigadegeneral William Morris Hoge und sein Stab beim Fahnenhissen in **Schüttenhofen** am 9. Mai 1945. Das tschechische Nationalkomitee nimmt ebenfalls daran teil. Bild: Cummings

Brigadier General William Morris Hoge with his staff during the flag raising that marks VE-Day in Susice, Czechoslovakia on May 9, 1945. The Czech National Committee participates in the ceremony also. Photo by Cummings

Winterberg am 10. Mai 1945: Tschechoslowakische Soldaten singen beim Heim-Marschieren patriotische Lieder.
Vimperk on May 10, 1945: Czechoslovakian soldiers marching home and singing patriotic songs.

Anfang Mai 1945 versuchen täglich Zehntausende von deutschen und ungarischen Soldaten, sich General Patton Juniors Streitkräften zu ergeben. Sie wollen einer Gefangennahme durch die Sowjets entgehen. Soldaten und Zivilisten in **Karlsbad** warten am 10. Mai 1945 darauf, vor der 9. Panzerdivision zu kapitulieren.

Early May 1945, tens of thousands of German and Hungarian soldiers are trying to surrender to General Patton, Jr.'s forces each day. They are seeking to avoid capture by the Soviets. Soldiers and civilians waiting to surrender to the 9th Armored Division in Karlovy Vary on May 10, 1945.

Amerikanische und sowjetische Offiziere bei einer Sowjet-Party für das XII. Korps vor einem Bild Stalins.
American and Soviet Officers under a photograph of Stalin at a Soviet-sponsored party for the XII Corps.

Die Generäle Hassl und Ludwig Swoboda (1895-1975) von der tschechoslowakischen Armee bei der Siegesfeier in **Prag** am 13. Mai 1945. Swoboda wurde Präsident der Tschechoslowakei.

Generals Hassl and Ludvik Svoboda (1895-1975) of the Czechoslovakian Army during the celebration in Prague, Czechoslovakia, on May 13, 1945. Svoboda will become president of Czechoslovakia.

Tschechische Mädchen in Trachten jubeln und schwingen Fähnchen, als die tschechoslowakische Brigade am 30. Mai 1945 durch **Prag** marschiert. Generalmajor Clarence Huebner vom V. Korps und Präsident Benesch nehmen die Parade ab. Bild: Billy A. Newhouse

Czech girls in native costumes cheer and wave flags as the Czech Brigade passes through Prague on May 30, 1945. Major General Clarence Huebner of the V Corps and Czech President Benes review the unit. Photo by Technician 5 Billy A. Newhouse

Nach einem offiziellen Treffen von Stabsoffizieren der 26. Infanterie-Division mit sowjetischen und tschechischen Offizieren in **Steinkirchen,** zwei Kilometer südöstlich von Rokitzan in der Tschechoslowakei am 12. Mai 1945 unterhält sich Oberleutnant John Tate aus Middletown in Maryland privat mit zwei weiblichen Sowjet-Offizieren. Bild: J. R. Woodley

After a formal meeting of 26th Infantry Division staff officers with Soviet and Czech officers in Kamenny Ujezd, two kilometers southeast of Rokycany, Czechoslovakia, on May 12, 1945, 1st Lieutenant John Tate from Middletown, MD, talks privately with two Soviet women officers. Photo by J. R. Woodley

Soldaten der 26. Infanterie-Division am 12. Mai 1945 mit Einheimischen in **Steinkirchen.**

Soldiers of the 26th Infantry Division surrounded by civilians in Kamenny Ujezd on May 12, 1945.

Generalmajor Walter M. Robertson, Kommandeur der 2. Infanterie-Division, und General Iwan Alexandrowitsch Gorbatschow nehmen am 18. Mai 1945 in **Pilsen** eine Truppenparade ab.

Major General Walter M. Robertson and General Ivan Alexandrovich Gorbachov reviewing Soviet troops in Plzen on May 18, 1945.

Der sowjetische General Iwan Alexandrowitsch Gorbatschow, Generalmajor Walter M. Robertson und deren Stäbe stoßen am 18. Mai 1945 in **Pilsen** an.

Soviet General Ivan Alexandrovich Gorbachov, Major General Walter M. Robertson, and their staff enjoying a toast in Plzen, Czechoslovakia, on May 18, 1945.

Skoda-Beschäftigte in **Pilsen** nehmen sich am 21. Mai 1945 Zeit, eine tschechoslowakische Panzerbrigade willkommen zu heißen, die aus Dünkirchen heimgekehrt ist. Bild: Gallo

Skoda workers in Plzen, Czechoslovakia, taking time out on May 21, 1945, to cheer a Czechoslovakian Armored Brigade that has arrived at their homeland from Dunquerque. Photo by Technician 5 Gallo

Die 94. Infanterie-Division bei der Siegesparade am 18. August in **Pilsen**

The 94th Infantry Division in Plzen during the Victory Parade on August 18, 1945.

Vom Main zur Donau

From the Main to the Danube

Marktredwitz am 21. April 1945: Hauptfeldwebel Theodore Henning von der Aufklärungsabteilung der 90. Infanterie-Division aus Newark in New Jersey verhört einen gefangenen deutschen Soldaten.

Marktredwitz on April 21, 1945: Master Sergeant Theodore Henning of the 90th Infantry Division's intelligence section from Newark, NJ, questions a captured Axis soldier.

Kriegsgefangene des 80. Regiments der 45. Infanterie-Division in **Nürnberg** am 16. April 1945.

Prisoners of war of the 80th Regiment, 45th Infantry Division, at Nuremberg on April 16, 1945.

Soldaten der Kompanie A vom 1. Bataillon des 30. Regiments der 3. Infanterie-Division dringen am 18. April 1945 in einen Vorort vom **Nürnberg** ein. Bild: Bradley J. Mc Croby

Soldiers of Company A, 1st Battalion, 30th Regiment of the 3rd Infantry Division, advancing into the outskirts of Nuremberg on April 18, 1945. They are following and using a tank destroyer as a shield, in case machine gun and sniper fire are encountered. Photo by Technician 5 Bradley J. Mc Croby

Unter heftigem Beschuss von Scharfschützen, Maschinengewehrfeuer und Mörsern benutzen Soldaten der Kompanie A vom 1. Bataillon des 30. Regiments der 3. Infanterie-Division am 18. April 1945 einen Panzer als Schild in **Nürnberg**.

With heavy concentration of snipers, machine guns and mortar fire, soldiers of Company A, 1st Battalion, 30th Regiment of the 3rd Infantry Division use a tank as shield while clearing out pockets of resistance in the residential outskirts of Nuremberg on April 18, 1945.

Geplante Kapitulation einen Kilometer außerhalb von Nürnberg am 18. April 1945: Aufgespürt von US-Infanteristen, die den umliegenden Wald durchkämmen, kommen diese etwa 60 Deutschen mit weißen Fahnen hervor, die sie bereits vorbereitet haben. Einige waren im wehrdienstpflichtigen Alter und haben vermutlich im Wald Dienst geleistet, als die Schlacht um **Nürnberg** begann.
Bild: Robert F. Stubenrauch

Premeditated surrender one kilometer outside of Nuremberg on April 18, 1945: Flushed out by American infantrymen scouring woods, these 60-odd Germans came out with white flags of surrender already prepared. Some were of military age and were believed to have served in the woods as the battle for Nuremberg began.
Photo by Technician 5 Robert F. Stubenrauch

Eine Vorausabteilung der 11. Panzerdivision am 19. April 1945 auf dem Weg von **Hof nach Nürnberg**.

Tanks of the 11th Armored Division driving from Hof to Nuremberg on April 19, 1945.

Soldaten des 180. Regiments der 45. Infanterie-Division samt Panzer am 20. April 1945 in den Trümmern von **Nürnberg**.

Tank and soldiers of the 180th Regiment, 45th Infantry Division, cleaning out snipers in the rubble of Nuremberg on April 20, 1945.

Deutsche Kriegsgefangene am 20. April 1945 in **Nürnberg**.

Prisoners of war awaiting evacuation at Nuremberg on April 20, 1945.

Nürnberg, am 21. April 1945: Panzerfahrzeuge rollen während der Siegesparade und dem Fahnenhissen am Podium des Adolf-Hitler-Platzes vorbei. Bild: Clifford O. Bell

Nuremberg on April 21, 1945: Sandbagged armor rolling past the reviewing stand in Adolf Hitler Square during the victory parade and flag raising ceremony. Photo by Technician 4 Clifford O. Bell

Die „Yankee Doodlers" vom 19. taktischen Korps der 9. Luftwaffe unterhalten am 26. April 1945 in der **Nürnberger** Leopold-Arena Soldaten der 80. Infanterie-Division. Bild: Harry Miller

The "Yankee Doodlers" from the 19th Tactical Air Corps, 9th Air Force, entertain soldiers of the 80th Infantry Division in Nuremberg's Leopold Arena on April 26, 1945. Photo by Private Harry Miller

Im historischen Viertel um die St.-Lorenz-Kirche in **Nürnberg** suchen Einheiten der 45. Infanterie-Division am 20. April 1945 hinter einem Panzer Schutz. Bild: Sydney Blau

Elements of the 45th Infantry Division mopping up while seeking protection from snipers behind a tank near the medieval St.-Lawrence Church in Nuremberg on April 20, 1945. Photo by Technician 4 Sidney Blau

Ungarische Soldaten ergeben sich am 23. April 1945 mit ihren Angehörigen in **Nabburg** der 11. Panzerdivision.

Hungarian soldiers and family members surrendering to the 11th Armored Division in Nabburg on April 23, 1945.

Am 24. April 1945 inspiziert ein Soldat einen bombengeschädigten Zug in **Nürnberg**.

A soldier inspecting the train wreckage hit by bombs in Nuremberg on April 24, 1945.

Am 21. April 1945 wird ein amerikanischer Panzer in **Neumarkt** außer Gefecht gesetzt, während die umliegenden Gebäude in Flammen aufgehen. Bild: Feldwebel Bruce Hawkins

On April 21, 1945, an American tank is knocked out in Neumarkt while surrounding buildings go up in flames. Photo by Sergeant Bruce Hawkins

Weiden, am 22. April 1945: Generalmajor Herbert Ludwell Earnests 90. Infanterie-Division stellt LKWs zur Verfügung, um befreite sowjetische Zwangsarbeiter auf die Heimreise zu bringen. Bild: James A. Ryan

Weiden on April 22, 1945: Major General Herbert Ludwell Earnest's 90th Infantry Division provides trucks to repatriate freed Soviet slave laborers. Photo by Technician 4 James A. Ryan

Weiße Fahnen der Kapitulation erwarten die 11. Panzerdivision am 22. April 1945 in **Weiden**.

White flags of surrender greet 11th Armored Division tanks in Weiden on April 22, 1945.

Ein Halbkettenfahrzeug von Kompanie C des 55. Panzergrenadier-Bataillons der 11. Panzerdivision fährt am 22. April 1945 durch **Weiden.** Gefangene deutsche Soldaten fahren vorne mit.

Halftrack of Company C, 55th Armored Infantry Battalion, 11th Armored Division, moving through Weiden on April 22, 1945. Captured German soldiers are riding on the hood.

Amerikanische Soldaten schauen sich auf Hermann Görings Burg **Veldenstein** am 21. April 1945 ein Buch an; von links nach rechts: Stabsfeldwebel Freeman Bradley aus Cherokee in Nord-Carolina, der Techniker 5. Grades Harold Spier aus Cashmere in Illinois und Hauptmann E. J. McKeon aus Long Beach in Kalifornien von der 71. Infanterie-Division.

American soldiers examining a book at Hermann Göring's Veldenstein Castle on April 21, 1945. From left to right: Master Sergeant Freeman Bradley of Cherokee, NC, Technician 5 Harold Spier of Cashmere, IL, and Captain E. J. McKeon of Long Beach, CA, from the 71st Infantry Division.

Am 21. April 1945 ruht sich ein Soldat der 71. Infanterie-Division auf Hermann Görings Bett im Schloss **Veldenstein** aus. Bild: Feldwebel Robert E. Holloway

A soldier of the 71st Infantry Division resting on Hermann Göring's bed at Veldenstein Castle on April 21, 1945. Photo by Sergeant Robert E. Holloway

Ein Stapel Robbano, ungarische 240-mm-Kaliber-Artillerie-Gasgranaten in leuchtendem Orange am 24. April 1945 bei **Pechofen**.

A bright orange stockpile, 240-mm caliber Hungarian Robbano gas shell shells near Pechofen on April 24, 1945. Photo by Technician 5 Edward Belfer

Am 24. April 1945 inspiziert Feldwebel Louis J. Dougal aus Worcester in Massachusetts von der 166. Nachrichten-Foto-Kompanie in **Pechofen** einen deutschen Nebelwerfer. Bild: Edward Belfer

On April 24, 1945, at Pechofen, Sergeant Louis J. Dougal of Worcester, MA, from the 166th Signal Photo Company, inspects a German rocket known as "Screeming Meemie". Photo by Technician 5 Edward Belfer

Der Techniker 5. Grades Edward Belfer aus Pittsburg in Pennsylvanien von der 166. Signal Photo Kompanie schaut sich am 24. April 1945 in der Nähe von **Pechofen** 75-mm Giftgasgranaten genauer an. Sie werden zur genaueren Untersuchung hinter die Front gebracht.

April 24, 1945: Technician 5 Edward Belfer of Pittsburg, PA, from the 166th Signal Photo Company, examining a batch of 75-mm poison gas shells found near Pechofen, that will be sent to the rear for inspection.

Generalmajor Stanley Eric Reinhart bei **Viehausen** am 26. April 1945
Major General Stanley Eric Reinhart near Viehausen on April 26, 1945.

Generalmajor Reinharts 1. Zug der Kompanie B mit seiner Kampftruppe bei **Viehausen.**
Major General Reinhart`s 1st Platoon, Company B with ist combat team near Viehausen.

Die örtlichen Brücken über die Donau sind gesprengt, aber Sturmboote, Infanterie-Boote, Teile für eine kräftige Ponton-Brücke sind durch ganz Frankreich und Deutschland mitgeschleppt worden. Wochen hindurch sind Brückenlege-LKWs General Patton Juniors Pionieren gefolgt. Dies ermöglicht es der 65. Infanterie-Division, am 26. April 1945 die Donau zu überqueren. Materialien werden an den Fluss gebracht.

The permanent Danube bridges are blown, but assault boats, infantry rafts, parts of an M2-Treadway Bridge have been carried across France and Germany. For weeks, engineer bridging trucks have followed General Patton, Jr.'s men. It enables the 65th Infantry Division to cross the Danube River on April 26, 1945. The materials are brought to the river.

In Vorbereitung auf das Überqueren der Donau transportieren Pioniere der 65. Infanterie-Division am 26. April 1945 bei **Kapfelberg** aufgeblasene Brückenpontons.

On April 26, 1945, at Kapfelberg, combat engineers of the 65th Infantry Division transport floating bridge pontoons in preparation for an assault crossing of the Danube.

Oberstleutnant Russel F. Paul, Kommandeur des 265. leichten Pionier-Bataillons, das der 65. Division ständig angehörte.

Lieutenant Colonel Russel F. Paul, commander of the 265th Combat Engineer Battalion, which was a permanent part of the 65th Division.

Während der Angriffsphase des Übersetzens werden Boote, die die unterstützenden Pionier-Einheiten zur Verfügung stellen, mit Infanteristen beladen. Zum Überqueren werden sie hinüber gerudert. Ihnen folgen Außenbord-Motor getriebene Schlauchboote, die die Pioniere zusammenbauten.

During the assault phase of the crossing, boats supplied by the supporting engineer units are loaded with infantrymen. To cross; they are paddled over, and followed by engineer-constructed rafts pushed by outboard motors.

Nachdem das gegenüberliegende Ufer gesichert ist, können leichte Pioniere eine befahrbare M2-Brücke fertig stellen. Sie trägt bis zu 40 Tonnen. Eine der schwierigsten Kampfhandlungen ist gelungen.

After the opposite shore is secured, combat engineers can complete the construction of an M2-Treadway Bridge. It has up to a 40-ton capacity. One of the most critical of combat operations succeeded.

Von den beiden Regimentern, die über den Fluss hinweg angreifen, erfährt eines so gut wie keinen Widerstand. Die Verluste sind gering. Sanitäter evakuieren.

Of the two regiments that make the assault crossing, one encounters little or no resistance, and the other fairly stiff resistance that is quickly overcome. Casualties are light. Medics are evacuating.

Sanitäter von Kompanie B des 365. Medizinischen Bataillons der 65. Infanterie-Division gewähren verwundeten Soldaten am 26. April 1945 eine Notversorgung, ehe sie in ein Lazarett evakuiert werden.

Medics of Company B, 365th Medical Battalion, 65th Infantry Division, on April 26, 1945, providing emergency treatment to wounded soldiers, in preperation for their evacuation to a field hospital.

Viele Probleme sind gelöst und mögliche Desaster vermieden. Stehend von links nach rechts: Generalmajor Reinhart und Oberst Robert E. M. Des Islets, Kommandeur der 1126. leichten Pionier-Gruppe; Oberstleutnant George Duncan, Leiter der Abteilung G-3, zuständig für Planung und Betrieb der Division; Oberstleutnant Russel F. Paul.

Many problems are solved and possible disasters avoided. Satisfaction and relief prevail. Standing from left to right: Major General Reinhart and Colonel Robert E. M. Des Islets, commander of the 1126th Combat Engineer Group; Lieutenant Colonel George Duncan, the G-3 plans and operations officer on the division staff; Lieutenant Colonel Russel F. Paul.

Soldaten des 261. Infanterie-Regiments im **Kapfelberger** Kriegsgefangenenlager der 65. Infanterie-Division am 26. April 1945.

Soldiers of the 261st Infantry Regiment processing captured enemy soldiers at the 65th Infantry Division's Kapfelberg Cage on April 26, 1945.

Brücke des 160. Pionierbataillons und der 993. Brücken-Kompanie bei **Donaustauf**. Auf dem Schild steht: „Die Donau, nur ein weiterer verdammter Fluss".

Danube bridge at Donaustauf, constructed by the 160th Engineer Combat Battalion and the 993rd Treadway Bridge Company.

Hauptmann John G. Enders aus Baltimore in Maryland vom 1553. Pionier-Bataillon des XII. Korps untersucht am 26. April 1945 die Donaubrücke in **Regensburg**.

Captain John G. Enders of Baltimore, MD, from the 1553rd Engineer Battalion, XII Corps, inspecting demolished Danube River Bridge in Regensburg on April 26, 1945.

Gefangene werden über die Donau geführt.

Prisoners are rounded up and led across the Danube.

Soldaten von Generalmajor Reinharts 260. Infanterie-Regiment am 27. April 1945 beim Überqueren einer Brücke und Passieren einer Straßensperre in **Regensburg**. Bild: Feldwebel Bruce Hawkins

Soldiers of Major General Reinhart's 260th Infantry Regiment crossing a bridge and passing through a roadblock in Regensburg on April 27, 1945. Photo by Sergeant Bruce Hawkins

Zerstörung bei den Messerschmitt-Werken in **Regensburg**

Ruins of the Regensburg Messerschmitt Factory.

Regensburg ist besetzt, und Anordnungen für die Bewohner sind angeschlagen. Die oberen Kabel gehören zwar zur Straßenbahn, aber die Gleise fehlen. Die untere Leitung besteht aus zwei verdrillten Drähten, wie sie für Feldtelefone benutzt werden.

Regensburg is occupied and instructions for residents are posted. The cables above belong to the streetcar tracks on the street, but the steel rails are missing. The lower line consists of a twisted pair of wires such as those used for field telephones.

Montagestraße für die ME 262 im Wald östlich von **Regensburg**.

Assembly line for ME 262s in woods east of Regensburg.

Montagestraße für die ME 262 im Wald östlich von **Regensburg**

Assembly line for ME 262s in the woods east of Regensburg.

Zivilisten am 27. April 1945 im **Regensburger** Bahnhof auf der Suche nach Brauchbarem

Civilians looking for anything useful that they could find in Regensburg railroad yards on April 27, 1945.

Ein Flak-Maschinengewehr beaufsichtigt den Bau einer Behelfsbrücke und unterstützt die 99. Infanterie-Division beim Überqueren der Donau bei **Eining** am 27. April 1945.

Quad .50 caliber anti-aircraft machine gun supervising construction of a pontoon bridge and protecting the 99th Infantry Division crossing of the Danube River near Eining on April 27, 1945.

Neustadt bei Kelheim am 29. April 1945: Etwa 800 Gefangene, die der 99. Infanterie-Division beim Überqueren der Donau in die Hände fielen, werden hinter die Front geführt. Bild A. H. Herz

Marching to the rear at Neustadt on April 29, 1945: Approximately 800 prisoners of war were captured by the 99th Infantry Division in their Danube crossing and assault on the city. Photo by Technician 5 A. H. Herz

Soldaten des 55. Panzergrenadier-Bataillons und des 22. Panzerbataillons am 22. April 1945 in **Wernberg**.

Soldiers of the 55th Armored Infantry Battalion and the 22nd Tank Battalion in combat at Wernberg on April 22, 1945.

Am 27. April 1945 stattet General George Smith Patton Junior Generalmajor Stafford LeRoy Irwin, dem Kommandeur des XII. Korps in **Schwarzenfeld**, einen Besuch ab.

On April 27, 1945, General George Smith Patton Jr. visits Major General Stafford LeRoy Irwin, commander of the XII Corps, in Schwarzenfeld.

Brigadegeneral Ralph Julian Canine (1895–1969), der Stabschef des XII. Korps (in der Mitte), hört zu, wie Feldwebel Kurt Diamant aus Cambridge in Massachusetts am 29. April 1945 Brigadegeneral Rußwurm in **Schwarzenfeld** befragt. 1951 wird Generalleutnant Canine Direktor der militärischen Sicherheitsbehörde. Er stirbt 1969 und wird im Nationalfriedhof von Arlington beigesetzt.

Brigadier General Ralph Julian Canine (1895–1969), the XII Corps' chief of staff in the center, looks on as Sergeant Kurt Diamant from Cambridge, Massachusetts, interviews Brigadier General Rußwurm in Schwarzenfeld on April 29, 1945. In 1951, Lieutenant General Canine will become director of the Armed Forces Security Agency. He dies in 1969, and is buried in Arlington National Cemetery.

Ungarische Offiziere bei **Schwarzenfeld** verhandeln am 27. April 1945 über die Kapitulation von 500.000 Soldaten.

Hungarian officers at Schwarzenfeld negotiating the surrender of 500,000 troops on April 27, 1945.

Die Amerikaner im Bayerischen Wald

Americans in the Bavarian Forest

Im **Viechtacher** Hautquartier des XII. Korps stehen: Brigadegeneral Herbert Ludwell Earnest (1895-1970), Kommandeur der 90. Infanterie-Division, und Brigadegeneral Joseph Merit Tully (1893–1963), sein stellvertretender Kommandeur; Oberst Charles Hancock Reed, Kommandeur der 2. Kavallerie-Gruppe und Oberst Francis M. Day, stellvertretender Artillerie-Kommandeur des XII. Korps.

At the XII Corps Headquarters in Viechtach from left to right: Brigadier General Herbert Ludwell Earnest (1895-1970), commander of the 90th Infantry Division; Brigadier General Joseph Merit Tully (1893–1963), his assistant commander; Colonel Charles Hancock Reed, commander of the 2nd Cavalry Group; Colonel Francis M. Day, Assistant Artillery Officer, XII Corps.

Brigadegeneral Willard Ames Holbrook Jr., Kommandeur der Kampfgruppe A, 11. Panzer-Division, und ein ungarischer General, der gerade die Kapitulation seiner Division unterzeichnet hat, verlassen am 23. April 1945 den Gefechtsposten bei **Cham**.

Brigadier General Willard Ames Holbrook Jr., commander of Combat Command A, 11th Armored Division, leaves his command post at Cham on April 23, 1945, with a Hungarian general who just surrendered a division to him.

Am 23. April 1945 verteilen Soldaten der 11. Panzerdivision in **Cham** Essen und Zigaretten an befreite britische Soldaten. Die britische Flagge auf der rechten Seite fliegt wieder.

On April 23, 1945, men of the 11th Armored Division pass out food and cigarettes to liberated British soldiers in Cham. The British flag on the right is waving again.

Amerikanische Soldaten am 23. April 1945 in **Cham**: Nach sechs Monaten deutscher Gefangenschaft schmeckt ihnen das erste Essen seit der Befreiung durch die 11. Panzerdivision. „K" Rationen waren einzelne Notfall-Mahlzeiten, in wasserdichte Packungen mit Wachs versiegelt. Sie enthielten ein Fleisch- oder Käseprodukt, Kekse, einen Schokoriegel, Kaugummi, Würzmittel und Zigaretten.

American Prisoners of War at Cham on April 23, 1945: After six months of imprisonment, they are enjoying their first meal after liberation by the 11th Armored Division. K-Rations were emergency single meals packaged in wax sealed, waterproof packages. They consisted of a canned meat or cheese product, dry biscuits, a candy bar, chewing gum, condiments, and cigarettes.

Bei **Cham** warten am 29. April 1945 Hunderte von Kriegsgefangenen auf den Abtransport in ein Lager. Bild: John A. Humberston

On April 29, 1945, in the outskirts of Cham, hundreds of Axis soldiers await shipment to a prisoner of war cage. Photo by John A. Humberston

160.000 Kriegsgefangene in einem Behelfslager am 25. April 1945

160,000 prisoners of war ia a temporary enclosure on April 25, 1945.

Britische Soldaten, befreit vom XII. Korps, schauen in **Falkenstein** zu, wie Wehrmachtssoldaten am 26. April 1945 in ein Kriegsgefangenenlager der 26. Infanterie-Division abtransportiert werden.

Recaptured British prisoners of war, freed by the XII Corps, watching captured Wehrmacht soldiers pass by on their way to the 26th Infantry Division cage on April 26, 1945.

Oberfeldwebel Julius Schulleri aus Point Lookout in New York und Staff Oberfeldwebel Frank Vdovich aus Everett in Minnesota von einer Pioniereinheit der 26. Infanterie-Division beim Forellenfangen in der Umgebung von **Falkenstein**.

Staff Sergeant Julius Schulleri of Point Lookout, NY, and Staff Sergeant Frank Vdovich of Everett, MN, of a combat engineer unit attached to the 26th Infantry Division trout fishing near Falkenstein.

Deutschlands 11. Panzerdivision ergibt sich bei **Kötzting** Brigadegeneral Herbert Ludwell Earnests 90. Infanterie-Division.

Germany's 11th Armored Division surrenders to Brigadier General Herbert Ludwell Earnest's 90th Infantry Division near Kötzting.

Hauptmann Clifford A. Raser begutachtet Feldartilleriestücke der deutschen 11. Panzerdivision bei **Kötzting**.

Captain Clifford A. Raser inspecting field artillery pieces of Germany's 11th Panzerdivision near Kötzting.

Eroberte deutsche Geschütze bei **Kötzting**.

Captured German artillery pieces near Kötzting.

Hauptmann Clifford A. Raser vom Hauptquartier des XII. Korps aus Philadelphia in Pennsylvanien inspiziert einen Panzer der deutschen 11. Panzerdivision.

Captain Clifford A. Raser of XII Corps Headquarters from Philadelphia, PA, inspecting a tank of Germany's 11. Panzerdivision.

Panzer vom Kampfkommando B der 11. Panzerdivision beschießen im Kampf um **Regen** am 24. April 1945 Feindstellungen.

Tanks of Combat Command B of the 11th Armored Division firing on enemy positions during combat for the capture of Regen on April 24, 1945.

Am 24. April 1945 passiert das Kampfkommando B der 11. Panzerdivision eine Panzersperre am Eingang von **Regen**.

Armored column of Combat Command B, 11th Armored Division, passing a road block, and entering Regen on April 24, 1945.

Am 27. April 1945 nimmt die 26. Infanterie-Division in **Mitterfels** den Generalfeldmarschall Paul Ludwig Ewald von Kleist (1881-1954) fest. Dessen letzte Funktion war Kommandeur der Heeresgruppe Süd in der Ukraine. Mit ihm gefangen genommen wird Generalleutnant Josef Rußwurm.

The 26th Infantry Division arrests Field Marshal Paul Ludwig Ewald von Kleist (1881-1954) in Mitterfels on April 27, 1945. His last position was Commander in Chief of Germany's Army Group South, in Ukraine. Captured with him is Lieutenant General Josef Rußwurm.

Generalfeldmarschall Ewald von Kleist wird an die Sowjetunion ausgeliefert werden. Er stirbt 1954 im Wladimir-Gefängnis, verurteilt zu zehn Jahren Haft wegen Kriegsverbrechen.

Field Marshal Ewald von Kleist will be extradited to the Soviet Union. Sentenced to ten years in prison for war crimes, he dies in the Vladimir Prison in 1954.

P-47 Bomber und Artillerie der 11. Panzerdivision haben am 25. April 1945 **Schönberg** getroffen.

Smoke rises from the town of Schönberg after P-47s bombed it and artillery of the 11th Armored Division fired on it on April 25, 1945.

Am 27. April 1945 springen amerikanische Soldaten über das Wasser, um an den Rand von **Deggendorf** vorzudringen. Bild: Leutnant Kenneth Elk

On April 27, 1945, American soldiers advance into the outskirts of Deggendorf by leaping across a small stream. Photo by Lieutenant Kenneth Elk

Am 6. Mai 1945 redet Oberstleutnant Crane von der 4. Panzerdivision (rechts) in **Niederalteich** mit Deutschlands ranghöchstem Militärgeistlichen.
Bild: Obergefreiter E. P. Margerum

Niederalteich on May 6, 1945: Lieutenant Colonel Crane of the 4th Armored Division (right) talking to the captured chief of German army chaplains. Photo by Private First Class E. P. Margerum

27. April 1945 zieht eine Panzerabwehr-Gruppe vom 328. Regiment der 26. Infanterie-Division bei **Metten** an einem brennenden deutschen Nachschub-Fahrzeug vorbei.

On April 27, 1945, an anti-tank crew of the 328th Regiment, 26th Infantry Division, rolls by a burning German supply vehicle near Metten.

Panzer und Soldaten vom 328. Regiment der 26. Infanterie-Division am 29. April 1945 auf dem Weg nach **Deggendorf**. Bild: Leutnant Kenneth Elk

A tank carrying soldiers of the 328th Regiment, 26th Infantry Division, on the way to Deggendorf on April 29, 1945. Photo by Lieutenant Kenneth Elk

Am 26. April 1945 werden Mitglieder der japanischen Botschaft in Berlin samt ihren Angehörigen bei **Grafenau** auf einen LKW verladen.

On April 26, 1945, staff of the Japanese embassy in Berlin and family members are loaded onto a truck near Grafenau.

Die 37 Japaner in ihrem vorübergehenden Quartier, nachdem die 11. Panzerdivision sie in **Grafenau** festgehalten hat.

The 37 Japanese diplomats and family members held in their temporary quarters, after being retained by the 11th Armored Division at Grafenau.

Rauch von einem brennenden deutschen Fahrzeug, als US-Truppen am 26. April 1945 auf **Lackenhäuser** zurollen.

Smoke rises from a burning German vehicle as US troops advance near Lackenhäuser on April 26, 1945.

Am 2. Mai 1945 liegen zwei Soldaten, die von Soldaten der vordringenden 26. Infanterie-Division erschossen wurden, an einem Straßenrand in **Tittling**.

On May 2, 1945, two soldiers killed by advancing troops of the 26th Infantry Division lie on a roadside in Tittling.

Tittlinger Pfarrkirche und das Lager II des XII. Korps

Tittling church with XII Corps' Cage II

Am 7. Mai 1945 sind etwa 5.000 Kriegsgefangene im **Tittlinger** Lager des XII. Korps.
On May 7, 1945, the XII Corps Cage in Tittling contains some 5,000 PWs.

Hauptquartier des XII. Korps in **Viechtach** am 30. April 1945: Generalleutnant Marie-Louis Koëltz (1884-1970) von der französischen Armee verleiht amerikanischen Soldaten die Würde der Ehrenlegion und das Kriegsverdienstkreuz.

Headquarters XXII Corps in Viechtach on April 30, 1945: Lieutenant General Marie-Louis Koëltz (1884-1970) from the French Army presents the *Legion of Honor* and *Croix de Guerre* to American soldiers.

Die Abteilung Betriebspersonal des XII. Korps Hauptquartiers in **Grafenau**.

G-3 (operations) staff of the XII Corps Headquarters in Grafenau.

Waldkirchnerinnen waschen am 5. Mai 1945 ihre Wäsche in einer offenen Wasserleitung, während Pioniere gegenüber mit einem Schaufelbagger ein beschädigtes Gebäude abreißen.

Local women washing in an aqueduct in Waldkirchen on May 5, 1945, as engineers across the street operate a power shovel tearing down a damaged building.

Zivilisten durchsuchen am 5. Mai 1945 in **Waldkirchen** einen Haufen Klamotten nach brauchbaren Stücken.
Bild: Robert J. Schneider

Civilians in Waldkirchen searching a pile of clothing for useful items on May 5, 1945.
Photo by Technician 5 Robert J. Schneider

3. Mai 1945 in **Waldkirchen:** Feldwebel George C. Derno aus Santa Clara in New York von der 613. Pionier-Kompanie der 5. Infanterie-Division bedient einen Löffelbagger, um ein von Granaten zerstörtes Gebäude niederzureißen.

May, 3, 1945, in Waldkirchen: Sergant George C. Derno from Santa Clara, NY, of the 613th Engineer Company, 5th Infantry Division, operates a power shovel to demolish a shell-torn building.

Oberleutnant Harold C. Berry von der DP-Abteilung aus Boston Massachusetts verweist am 10. Juni 1945 bei **Freyung** deutsche Zivilisten auf LKWs.

1st Lt. Harold C. Berry from Boston, Massachusetts, directing displaced German civilans onto trucks near Freyung on June 10, 1945.

Soldaten der 11. Panzerdivision feuern am 30. April 1945 in **Kappel** über die Grenze.
Bild: Unteroffizier Donald R. Ornitz

Soldiers of the 11th Armored Division firing on enemies across the border at Kappel, on April 30, 1945.
Photo by Corporal Donald R. Ornitz

Panzer und Infanterie der 11. Panzerdivision beim Gegenangriff in **Kappel** am 4. Mai 1945.
Bild: Unteroffizier D. R. Ornitz.

Tanks and infantry of the 11th Armored Division encountering enemy resistance in Kappel on May 4, 1945.
Photo by Corporal D. R. Ornitz

Der Korridor Passau - Linz

The Passau - Linz Corridor

Passau am 4. Mai 1945. Bild: Edward Belfer

Passau on May 4, 1945. Photo by Private Edward Belfer

Um die Präzision der Bombardierung zu ermitteln, beobachten und dokumentieren Amerikaner die Treffer. Hier sind **Passaus** Krater zu sehen.

To assess the accuracy of bombings, American forces survey and document the hits. Here, Passau's craters are shown.

Die zerstörte Kräutelstein-Brücke bei **Passau.**

Destroyed Kräutelstein Bridge below Passau.

Kommunikations-Streckenarbeiter Maynard Hanson ist Generalmajor Reinharts 261. Infanterie-Regiment zugeteilt. Zu seinen Hauptaufgaben gehört es, Telefonleitungen zwischen dem Hauptquartier der Division und den Regimentern herzustellen. Leitungen, die vom Feind durchtrennt werden, und der Hinterhalt, in den die Repariertruppe damit gelockt wird, stellen oft ein hohes Risiko dar.

Communications lineman Maynard Hanson is assigned to Major General Reinhart's 261st Infantry Regiment. One of his primary duties is to provide and maintain telephone lines between Division Headquarters and Headquarters Command Posts. Wires cut by the enemy, and ambushes they set to thwart communication line repair, often put wire line patrols at high risk.

Unteroffizier Leonard Gaunce und der Gefreite Ulysses Stone mit dem 2 1/2 Tonnen schweren LKW ihres Teams. Sie haben bis zu zwei Dutzend Rollen Telefondraht zu je 72 kg bei sich.

Corporal Leonard Gaunce and Private Ulysses Stone with the team's 2 1/2 ton GMC 6x6 truck. They carry up to two dozen reels of communications wire, at about 160 pounds each

Amerikanischer Soldatenfriedhof in Lothringen: Grabstätte von Oberleutnant Raymond Hoobing, der als Aufklärungsoffizier des 2. Bataillons im 261. Infanterie-Regiment gedient hat. Er und sein guter Freund, Feldwebel Robert Patton, wurden zu einer Erkundung an die Donau geschickt. Von einem feindlichen Panzerabwehrgeschütz auf offenem Feld in Schach gehalten, konnten sie sich nicht bewegen, bis es dunkel wurde. Hoobing fiel am 2. Mai 1945 in **Passau**. Frederick C. Murphy, ein Sanitäter der Kompanie K im 259. Infanterie-Regiment, der die Verdienstmedaille des US-Kongresses bekommen hat, und viele Kameraden von der 65. Infanterie-Division sind ebenfalls in dem Friedhof beerdigt.

Lorraine American Cemetery, France: Gravesite of 1st Lieutenant Raymond Hoobing, who served as the S-2 of the 2nd Battalion, 261st Infantry Regiment. He and his close friend, Staff Sergeant Robert Patton, were sent on a mission on the Danube River. Pinned down in an open field by an enemy antitank gun, they could not move until darkness. Hoobing was killed in Passau on May 2, 1945. Frederick C. Murphy, a medic assigned to Company K, 259th Infantry Regiment, who received the Congressional Medal of Honor, and many comrades from the 65th Infantry Division are also buried there.

Unteroffizier Richard Karon von der medizinischen Abteilung in Generalmajor Reinharts 261. Infanterie-Regiment schreibt am 4. Mai 1945 an seine Eltern in Brooklyn, New York, dass sie „einer Stadt namens **Passau** einen Besuch abgestattet haben. Unsere Artillerie hat sie gemocht und küsste sie gute Nacht. Letzte Nacht schliefen wir in der Nähe eines deutschen Krankenhauses, und heute sind wir in einem netten Haus mit modernem Bad, was wir uns alle zunutze gemacht haben."

Corporal Richard Karon from the medical detachment in Major General Reinhart's 261st Infantry Regiment, writes to his parents in Brooklyn, New York, on May 4, 1945: "We visited a city called Passau on the Danube which our artillery took a liking to and kissed all to heck. Last night we slept near a German hospital, and tonight we're at a nice house with a modern bath - which we all took advantage of."

3.500 Kriegsgefangene am 4. Mai 1945 bei **Fürstenzell**. Beim Anmarsch auf die österreichische Grenze hat Generalmajor Reinharts 65. Infanterie-Division sie gefangen genommen. Bild: Feldwebel Bruce C. Hawkins

3,500 Axis soldiers near Fürstenzell being marched to a rear area on May 4, 1945. Major General Reinhart's 65th Infantry Division captured them during its advance to the Austrian border. Photo by Sergeant Bruce C. Hawkins

2. Mai 1945 in **Vornbach**: Konteradmiral Dr. Wilhelm Buchholz und Generalleutnant Otto Neumann, Richter des höchsten deutschen Militärgerichts, werden von Leon Mayer aus Port Arthur in Texas vernommen, der im Kriegsgefangenen-Team 150 der 65. Infanterie-Division arbeitet.

Captured on May 2, 1945 in Vornbach: Admiral Dr. Wilhelm Buchholz and Lieutenant General Otto Neumann, judges of Germany's Supreme Military Court are interrogated by Technician 5 Leon Mayer from Port Arthur, Texas, who serves in IPW-Team 150 of the 65th Infantry Division.

3. Mai 1945 bei **Neuhaus** am Inn: Mit verbundenen Augen und in einem amerikanischen Jeep unterwegs zu Generalmajor Reinharts Hauptquartier sind ein deutscher *SS*-Leutnant und ein Major von Generalmajor Erich Hassensteins Division. Bild: W. E. Williams

Neuhaus am Inn on May 3, 1945: A blindfolded German *SS*-Lieutenant and Major from Major General Erich Hassenstein's Division in a US jeep enroute to Major General Reinhart's headquarters.
Photo: Technician 5 W. E. Williams

Generalmajor Reinhart und Brigadegeneral Copeland mit deutschem Flakgeschütz, das beim Überqueren des Inn erbeutet wird. Am 2. Mai 1945 erobert das 1. Bataillon von Reinhart's 261. Infanterie-Regiment **Aldersbach** und erreicht um 5.15 Uhr früh **Neuhaus am Inn.** Als deutsche Truppen die Brücke vor ihnen sprengen, beschießen die Kompanie mit den schweren Waffen und Artillerie das andere Ufer von 3 Uhr nachmittags bis 5.30, als das Artilleriefeuer aufhört. Dann greifen die Kompanien A und C noch mal zehn Minuten an, um das Übersetzen vorzubereiten.

Major General Reinhart and Brigadier General Copeland with a German anti-aircraft gun captured at the Inn River crossing. On May 2, 1945, the 1st Battalion of Reinhart's 261st Infantry Regiment capture Aldersbach, and reach Neuhaus by 5:15 am. As German forces blow up the brigde in front of them, the battalion's heavy weapons company and artillery batter the other shore from 3:00 pm until 5:30 pm, when the fire dies down. Then, A and C Companies attak for ten more minutes, to prepare the river crossing.

Major General Reinhart mit seinem stellvertretenden Divisionskommandeur, Brigadegeneral John Eubank Copeland, in **Schärding.**

Major General Reinhart in Schärding, Austria, with his Assistant Division Commander, Brigadier General John Eubank Copeland.

Am 3. Mai 1945 um 12.30 Uhr steigt Kompanie C vom 260. Infanterie-Regiment in die Panzer und steuert auf **Mittich** zu, wo sie um 3 Uhr nachmittags ankommt. Ohne nennenswerte Verpflegung verbringt sie die Nacht in privaten Unterkünften, ehe sie übersetzt und am 4. Mai nach Sankt Agatha weiterfährt.

On May 3, 1945, C Company, 260th Infantry Regiment, boards its tanks at 12:30 and heads for Mittich, where they arrive at 3 pm. With meager ration supplies, they spend the night in private homes before they cross the river and move to St. Agatha on May 4.

General Reinharts erste Männer erreichen **Schärding**. Als Pioniere vier Sturmboote bekommen, folgen zwei Kampfkompanien. Der Rest des Bataillons startet den Angriff am 3. Mai 1945 vom 4 bis 8 Uhr früh, als mehr Boote zur Verfügung stehen.

General Reinhart's first men safely reach Schärding, Austria, in a large rowboat. When combat engineers receive four assault boats, two line companies follow. The rest of the battalion launches its attack on May 3, from 4 am until 8 am, when more boats arrive.

Generalmajor Reinhart an der Behelfsbrücke. Um den Kampf zu steuern, der sich jetzt auch in Österreich entwickelt, verlässt Reinhart's Divisionsstab am 3. Mai seinen Befehlsstand 16 in Fürstenzell und macht sich auf den Weg zu seinem Befehlsstand in Neuhaus. Das 2. Bataillon der Stabskompanie sorgt für Ordnung und zieht zu seinem Befehlsstand 26 in Sulzbach. Das Personal, das vom Bataillonskommandeur gebraucht wird, bleibt beim Panzerabwehr-Bataillon, um den Inn zu überqueren, sobald eine Behelfsbrücke fertig ist.

Reinhart's Division staff leaves its Command Post 16 in Fürstenzell, and approaches its Command Post 17 in Neuhaus on May 3, to control the battle as it unfolds in Austria. Headquarter Company's 2nd Battalion mops up and heads for its Command Post 26 in Sulzbach. The personnel needes by the Battalion Commander stays with the anti-tank battalion, to cross the Inn over a Bailey Bridge, once it is completed.

Deutsches Flakgeschütz, erbeutet beim Überqueren des Inn.

German anti-aircraft gun captured at the Inn River crossing.

Schärdinger am 3. Mai 1945 beim Wegräumen von Schutt. Bild: W. E. Williams

Local civilians removing debris from a street in Schärding, Austria, on May 3, 1945.
Photo by Technician 5 W. E. Williams

Generalmajor Reinhart und Stab schauen bei der Überquerung des Inn zu.

Major General Reinhart and staff overlooking the Inn River crossing.

David Loughlin und Peter Pharnes berichten, dass sie die Deutschen, die sich in ihren Kellern verkrochen, erwischt haben. Am 4. Mai 1945 errichten General Reinharts Truppen einen Befehlsstand in **Schärding**. Lou Liss vom 265. Pionier-Bataillon wird sich 1999 erinnern, dass zur Verteidigung der österreichischen Seite nur noch „Kinder und alte Männer" übrig waren, und die ergaben sich.

David Loughlin and Peter Pharnes report to have captured "hunkered down Germans in their basements." On May 4, 1945, General Reinhart's troops establish a command post in Schärding, Austria. Lou Liss from the 265th Engineer Battalion will recall in 1999, that all that was left to defend the Austrian riverside was "kids and old men" who surrendered.

Der Sieg hat einen Preis. Am 2. Mai 1945 um 11 Uhr nachts betrat Hauptmann Morris' Crew den Turm am Wasserrand. Drei Stunden später sollten sie über den Fluss stürmen, aber Anwohner machten die Schleusen auf. Als Morris' Boot in den Fluss stieß, ertranken neun Soldaten. Im schwachen Mondlicht sucht eine kleine Gruppe vergeblich nach der Besatzung. Die anderen marschieren in Reihe hinein nach **Schärding** und rücken in Richtung Rainbach vor.

Victory is bittersweet. On May 2, 1945, at 11 pm, Captain Morris' men entered the tower close to the river's edge. Three hours later, they were to assault across the river, but locals opened the flood gates. When Morris' boat entered the river, nine GIs drowned. In pale moonlight, a small group searches in vain for the men. The rest of the men march into Schärding, Austria, in single file, and push towards Rainbach

Vor **Schärding's** Polizeistation am 3. Mai 1945. Bild: W. E. Williams

In front of the police station in Schärding, Austria, on May 3, 1945. Photo by Technician 5 W. E. Williams

Die Generäle Reinhart und Copeland ehe das 261. Infanterie-Regiment bei **Suben** und **Schardenberg** an *SS*-Einheiten gerät.

General Reinhart and Copeland before the 261st Infantry Regiment runs into *SS* at Suben and Schardenberg, Austria.

Generalmajor Stanley Eric Reinhart beim Beobachten von Artilleriefeuer.

Major General Stanley Eric Reinhart observing artillery fire.

Am 3. Mai 1945 überquert ein Zug der 80. Infanterie-Division den Inn in **Simbach**. Weil die Tragfähigkeit einer befahrbaren Pontonbrücke in etwa ein Panzer ist, darf nur jeweils ein einzelner übersetzen, und das recht langsam. Der nächste Panzer darf erst dann anfahren, wenn der andere ganz drüben ist. Bei entsprechendem Abstand und geringer Geschwindigkeit können der Jeep und die beiden LKWs vielleicht miteinander fahren, und danach ein weiterer Panzer. Nachdem das Fahrzeug nur ganz knapp über dem Wasser fährt, muss das 305. Pionier-Bataillon die Brücke während der gesamten Nutzungsdauer ständig überprüfen und instand halten.

On May 3, 1945, a convoy of the 80th Infantry Division, is crossing the Inn River at Simbach. With the capacity of a treadway pontoon bridge almost exactly the weight of a tank, only one is permitted to cross at a time, moving very slowly. The next tank will not be allowed to start until that tank makes it all the way across. If spaced out and kept slow, the jeep and the two trucks in queue may be allowed to cross together. Then, another tank can start. With the vehicle barely above water, the 305th Engineer Combat Battalion has to continuously check and maintain the bridge during the period of use.

Das Überqueren größerer Flüsse auf Brücken ist ein erstrangiges Angriffsziel für feindliche Artillerie oder aus der Luft und muss deshalb entsprechend geschützt werden. Der Divisionsstab bestimmt, wer wann übersetzt. Hier steht das 317. Regiment der 80. Infanterie-Division am 4. Mai 1945 in **Simbach** Schlange.

Bridge crossings of major rivers are prime targets for enemy artillery fire or air attack, and have to be protected accordingly. The division staff controls who gets to cross and when. Here, a convoy of the 317th Infantry Regiment, 80th Infantry Division, lines up in Simbach to cross into Braunau, Austria, on May 4, 1945.

Einheimische und US-Soldaten schauen am 3. Mai 1945 auf die beim Rückzug deutscher Truppen zerstörte Brücke zwischen **Simbach und Braunau**. Bild: W. D. McDonald

Civilians and American soldiers looking at the destroyed bridge between Simbach and Braunau, Austria, on May 3, 1945. Photo by Technician 5 W. D. McDonald

Am 4. Mai 1945 überquert das 1. Bataillon vom 317. Regiment der 80. Infanterie-Division den Inn bei **Braunau**.

The 1st Battalion, 317th Regiment of the 80th Infantry Division is crossing the Inn River near Braunau, Austria, on May 4, 1945.

5. Mai 1945: Das 317. Regiment der 80. Infanterie-Division überquert den Inn bei **Braunau**. Die Brücke wurde vom 305. Pionierbataillon errichtet. Bild: H. Miller

The 317th Regiment, 80th Infantry Division, crosses the Inn River at Braunau, Austria, on May 5, 1945. The bridge was built by the 305th Combat Engineer Battalion. Photo by H. Miller

Oberfeldwebel Henry S. Peacock aus Malaga in New Jersey (links), und Leutnant Victor Cach aus Stickney in Illinois (Mitte) vom 67. Panzergrenadier-Bataillon der 13. Panzerdivision untersuchen am 2. Mai 1945 in Braunau eine nicht explodierte Bombe auf der Eisenbahnbrücke bei **Braunau**. Bild: Obergefreiter T. R. Romero

1st Sergeant Henry S. Peacock of Malaga, NJ, (left) and Lieutenant Victor Cach of Stickney, IL, (middle) from the 67th Armored Infantry Battalion, 13th Armored Division, looking at an unexploded bomb on the railroad bridge at Braunau on May 2, 1945. Photo by Private First Class T. R. Romero

Weiße Fahnen und die Gegenwart eines amerikanischen Soldaten deuten an, dass **Braunau** in den Händen der Alliierten ist. Bild: W. D. McDonald

White flags and the presence of an American soldier indicate that Braunau, Austria, is in Allied hands. Photo by Technician 5 W. D. McDonald

Braunau am 2. Mai 1945: Das Geburtshaus von Adolf Hitler.

Braunau on May 2, 1945. The house where Adolf Hitler was born.

4. Mai 1945: **Braunau** hat sich widerstandslos ergeben und bleibt weitgehend intakt. Bild: W. D. McDonald

May 4, 1945: Braunau surrendered without resistance and is nearly undamaged.
Photo by Technician 5 W. D. McDonald

Ein Zivilist entfernt am 4. Mai 1945 ein NS-Plakat von einer Wand in **Braunau**. Bild: W. D. McDonald

On May 4, 1945, a civilian removes a National Socialist poster from a wall in Braunau. Photo by Technician '
5 W. D. McDonald

4. Mai 1945 im Alliierten Kriegsgefangenenlager bei **Braunau**: Zum Überleben tranken die Insassen Wasser aus Quellen im umliegenden Wald. Manche bastelten sich ein Behelfsradio, damit sie Nachrichten hören konnten. Kaum waren sie von der 80. Infanterie-Division befreit, schnappten sie sich Pferdefuhrwerke und kamen mit Ladungen voller Fleisch, Eier, Milch und anderer Lebensmittel zurück. Bilder: J. M. Heslop

May 4, 1945: Allied prisoners of war released from a camp near Braunau, Austria. To survive, inmates drank water from nearby springs. Some of the men built crystal radio sets in order to hear the news. After liberation by the 80th Infantry Division they secured horses and wagons, returning to their makeshift camp with loads of meat, eggs, milk and other goods. Photos by Technician 5 J. M. Heslop

Am 4. Mai 1945 teilen in **Braunau** amerikanische Kriegsgefangene, die von der 80. Infanterie-Division befreit wurden, Schinken und Eierrationen, die sie von einem Bauern in der Nähe erhalten haben. Sitzend von links nach rechts: Nicholas J. Maori von der 379. Bombergruppe und Feldwebel George J. Golden von der 92. Bombergruppe, beide aus Brooklyn in New York; Feldwebel Robert L. Crickpatrick aus Homer in Iowa von der 94. Bombergruppe. Alle waren über 17 Monate lang Gefangene.

May 4, 1945, in Braunau, Austria: American prisoners of war liberated by the 80th Infantry Division divide rations of ham and eggs which they have obtained from a nearby farmer. Seated left to right: Nicholas J. Maori of the 379th Bomber Group and Staff Sergeant George J. Golden of the 92nd Bomber Group, both from Brooklyn, NY; Staff Sergeant Robert L. Crickpatrick from Homer, IA, 94th Bomber Group. All of them have been prisoners for over 17 months.

Befreit von Einheiten der 80. Infanterie-Division: Am 4. Mai 1945 hört in **Braunau** der technische Feldwebel John L. Anderson aus Waltham in Massachusetts von der 95. Bombergruppe einem Detektorenempfänger zu, den er während der 21 Monate in Gefangenschaft hergestellt hat.

Liberated by units of the 80th Infantry Division in Braunau, Austria: On May 4, 1945, Technical Sergeant John L. Anderson of Waltham, Massachusetts, from the 95th Bomber Group, listens to a crystal radio set he constructed during the 21 months he had been a prisoner.

Mittelschwere Panzer und Jagdpanzer rollen am 3. Mai 1945 auf **Lembach** zu.

Medium tanks and tank destroyers near Lembach, Austria, on May 3, 1945.

Am 6. Mai 1945 ist das 778. Panzerbataillon der 26. Infanterie-Division auf dem Weg von **Lembach** bei Kirchschlag in die Tschechoslowakei. Ein Panzer kam vom Weg ab, ein anderer zieht ihn heraus.

On May 6, 1945, tanks of the 778th Tank Battalion, attached to the 26th Infantry Division, encountering a problem in a destroyed lumber yard. One tank bogged down while another is attempting to salvage it. They are moving from Lembach near Kirchschlag to Czechoslovakia.

Am 4. Mai 1945 rollt ein leichter Panzer der 11. Panzerdivision beim Einfahren in **Lembach** über eine Reihe von Hakenkreuzen.
Bild: Unteroffizier D. R. Ornitz

On May 4, 1945, a light tank of the 11th Armored Division rolls over a string of swastikas as it enters Lehmbach, Austria. Photo by Corporal D. R. Ornitz

Der vorgeschobene Beobachter eines Haubitzen-Bataillons der 26. Infanterie-Division am 4. Mai 1945 bei **Karlsbach**. Bild: Leutnant Kenneth Elk

Artillery observer for a Howitzer Battalion, 26th Infantry Division, near Karlsbach, Austria, on May 4, 1945. Photo by Lieutenant Kenneth Elk

Nachdem eine Fahrbahn aus Planken über das freiliegende Flussbett konstruiert ist, überqueren Panzer und eine gepanzerte Kolonne vom Kampfkommando A der 11. Panzerdivision am 4. Mai 1945 die Mühl bei **Neufelden**. Bild: Unteroffizier D. R. Ornitz

After a planked roadway is constructed across the exposed river bed, tanks and an armored column of Combat Command A, 11th Armored Division are fording the Mühl River near Neufelden, Austria, on May 4, 1945. Photo by Corporal D. R. Ornitz

LKWs mit Infanterie-Soldaten der 26. „Yankee"-Division an der Mühl in **Neufelden.**

Truck column of the 26th "Yankee" Infantry Division approaching the Mühl River and destroyed bridge near Neufelden, Austria.

Am 5. Mai 1945 rollen Halbketten-Fahrzeuge der 11. Panzerdivision auf **Linz** zu.

On May 5, 1945, half-tracks of the 11th Armored Division advance near Linz.

Ein Panzer der 11. Panzerdivision gewährt Soldaten am 4. Mai 1945 beim Anmarsch auf **Neufelden** Feuerschutz.
Bild: Unteroffizier Donald R. Ornitz

A Tank of the 11th Armored Division covers advancing soldiers closing in on Neufelden, Austria, on May 4, 1945.
Photo by Corporal Donald R. Ornitz

Am 4. Mai 1945 treffen Truppen der 11. Panzerdivision in **Gallneukirchen** auf Soldaten, die kapituliert haben.
Bild: Unteroffizier D. R. Ornitz

Advancing tanks of the 11th Armored Division passing defeated troops at Gallneukirchen on May 4, 1945.
Photo by Corporal D. R. Ornitz

Panzer und Infanterie der 11. Panzerdivision bewachen am 5. Mai 1945 die Adolf-Hitler-Brücke in **Linz**, während Pioniere die Sprengladungen entfernen, die Nationalsozialisten anbrachten. Bild: Gefreiter Joseph Scrippens

On May 5, 1945, tanks and infantry of the 11th Armored Division protect the Adolf Hitler Bridge over the Danube at Linz, Austria, while combat engineers remove enemy-placed demolition charges. Photo by Private Joseph Scrippens

Am 5. Mai 1945 bejubeln Jugoslawen das Eintreffen eines Halbkettenfahrzeugs von Generalmajor Dagers 55. Panzergrenadier-Bataillon in **Linz**. Bild: Gefreiter Joseph Scrippens

Yugoslavs cheering the entrance of a halftrack of Major General Dager's 55th Armored Infantry Battalion into Linz, Austria, on May 5, 1945. Photo by Private Joseph Scrippens

Ein Teil der 11. Panzerdivision am 5. Mai 1945 in **Linz**. Bild: Gefreiter Joseph Scrippens

Elements of the 11th Armored Division in Linz, Austria, on May 5, 1945. Photo by Private Joseph Scrippens

Marschall Konjew, der künftige sowjetische Hochkommissar in Österreich, stößt am 5. Mai 1945 auf General Omar Nelson Bradley an. Bild: N. Cutler

Marshal Konev, the future Soviet High Commissioner in Austria, proposing a toast to welcome General Omar Nelson Bradley on May 5, 1945. Photo by Technician 4 N. Cutler

Soldaten von der 180. Feldartillerie der 26. Infanterie-Division, unterstützt von der Artillerie des XII. Korps, bringen 155-mm-Haubitzen in Position, um Ziele in **Linz** anzugreifen, wo sich am 6. Mai 1945 feindliche Streitkräfte verschanzt haben.

Soldiers of the 180th Field Artillery Battalion, 26th Infantry Division, backed by the full weight of the XII Corps artillery, move 155-mm Howitzers into position to fire on enemy forces holding out in Linz, Austria, on May 6, 1945.

Linz am 7. Mai 1945: Befreite Franzosen benutzen einen deutschen Militär-Lkw, um nach fünf Jahren Zwangsarbeit nach Frankreich zurückzukommen. Bild: Gefreiter E. Belfer

Linz on May 7, 1945: After five years as slave laborers, liberated Frenchmen are using a commandeered German military half-track to make their way back to France. Photo by Private E. Belfer

Befreite ungarische Juden marschieren am 7. Mai Seite an Seite mit Soldaten der 65. Infanterie-Division aus **Linz** weg, um deutsche Kriegsgefangene zusammen zutreiben. Bild: Gefreiter E. Belfer

Liberated Hungarian Jews alongside soldiers of the 65th Infantry Division marching out of Linz, Austria, on May 7, 1945, for the purpose of rounding up German PWs. Photo by Private E. Belfer

Ungarische Kriegsgefangene am 7. Mai 1945 in **Linz**

Hungarian prisoner of war encampment in Linz, Austria, on May 7, 1945.

Mit undurchschaubarer Miene arrangiert Generalmajor Ladislaus de Kassai-Harkas (*1889) am 7. Mai 1945 in **Linz** die Kapitulation von 10.000 ungarischen Soldaten unter seinem Kommando. Bild: Unterleutnant N. Janowiak

His expression inscrutable, Major General László de Kassay-Farkas (*1889) arranges the surrender of 10,000 Hungarian troops under his command in Linz, Austria, on May 7, 1945. Photo by 2nd Lieutenant N. Janowiak

Eine Übergabe kann nicht als Faktum genommen werden, selbst wenn fast aus jedem Haus weiße Laken oder Handtücher hängen. Feindtruppen wie *SS* liegen oft in einem Hinterhalt. Hier bewegt sich eine einzelne Infanterie-Truppe, geschützt von einem Panzer, recht vorsichtig vorwärts. Die Staubwolke vor dem Panzer zeigt an, dass er gerade eine Granate abgefeuert hat. Wenn Widerstand aufkommt, wird die Truppe üblicherweise zurückgepfiffen, die Ortschaft von Artillerie umstellt und beschossen, bis eine wirkliche Übergabe zustande kommt. In der Zwischenzeit umgeht ein Vorauskommando die Ortschaft und rückt weiter vor.

Although white sheets or towels are displayed in nearly every house, surrender cannot be taken for granted. Enemy troops such as *SS*, are often waiting in an ambush. Here, a single infantry squad, protected by a tank, advances very cautiously. The haze beyond the tank indicates it just fired a shell. If resistance is encountered, the troops are usually withdrawn, the community surrounded by artillery, and shelled until a real surrender is achieved. In the meantime, a "spearhead" bypasses the village, and continues the advance.

Mickey Dorsey von der 71. Infanterie-Division schreibt auf die Rückseite dieses Bildes: „Wo wir zwischen **Wels und Lembach** eine Straßensperre errichtet haben."

Mickey Dorsey from the 71st Infantry Division writes on the back of this photo: "Where we set up a roadblock between Wels and Lembach", Austria.

Brücke in **Enns**. Der Fluss trennt die sowjetische Besatzungszone von der amerikanischen, und General Reinharts 65. Infanterie-Division markiert bei ihrer Ankunft ihr Territorium mit einer Fahne.

Bridge at Enns, Austria. The River separates the Soviet from the American occupation zone, and General Reinhart's arriving 65th Infantry Division delineates its territory with a flag.

Am 8. Mai 1945 ergibt sich eine Kolonne von 19.000 Mann auf dem Rückzug vor sowjetischen Truppen Generalmajor Reinharts 65. Infanterie-Division in **Linz**. Unter ihnen sind *SS*-Einheiten.

On May 8, 1945, a column of Axis troops that had disengaged from advancing Soviet forces moves to surrender to Major General Reinhart's 65th Infantry Division in Linz. They are part of 19,000 enemy troops, including *SS* units.

In aller Eile werden deshalb auf offenem Feld große Lager errichtet. Um die Gefangenen zunächst zumindest am Leben zu erhalten, werden deren Kommandeure angewiesen, eigene Nahrung mitzubringen und sofort für sie zu sorgen. Während Deutsche und Österreicher im Prinzip für die Ernährung ihrer eigenen Soldaten verantwortlich sind, trägt auch das Rote Kreuz bald dazu bei. Ein riesiges Kriegsgefangenenlager in **Limbach**, Österreich am 10. Mai 1945: Die Gefangenen der 80. Infanterie-Division werden nach Deutschland rücküberstellt.

Large compounds in open fields are hastily established. To sustain the prisoners at least temporarily, their commanders are advised to bring food and to care for their own right away. While Germans and Austrians are principally responsible for feeding their soldiers, the Red Cross soon provides some help, also.
A giant prisoner of war cage in Limbach, Austria, on May 10, 1945: Captured by the 80th Infantry Division, these men will be returned to Germany.

Vorübergehendes Lager für Kriegsgefangene, die in **Lambach** kapituliert haben, am 8. Mai 1945.

Temporary prisoner of war camp for Axis soldiers who surrendered in Lambach, Austria, on May 8, 1945.

Fahrzeuge der 6. deutschen Armee kommen am 12. Mai 1945 zur 80. Infanterie-Division nach **Braunau**. Bild: W. D. McDonald

Under control of the 80th Infantry Division, vehicles of the 6th German Army arriving at Braunau, Austria, on May 12, 1945. Photo by Technician 4 W. D. McDonald

Nach der Kapitulation auf dem Weg nach Bayern: Truppen und Ausrüstung der 6. deutschen Armee am 12. Mai 1945 auf einem Feld.

After their surrender, men and equipment of the German 6th Army assembled in a field, on May 12, 1945, are about to cross into Bavaria.

Nahaufnahme von Fahrzeugen und Personal der 6. Armee bei **Vöcklabruck.**

Closeup aerial view of 6th German Army vehicles and men near Vöcklabruck, Austria.

Am 9. Mai 1945 begrüßt Generalleutnant Walton H. Walker Generalleutnant Nikolai Iwanowitsch Biryukow (1901–1980), Kommandeur des XX. Garde-Infanterie-Korps der 4. sowjetischen Armee, und dessen Stab an der Brücke über die **Enns**. Bild: Feldwebel Bruce Hawkins

On May 9, 1945, Lieutenant General Walton H. Walker of Belton, TX, left, greets Lieutenant General Nikolai Ivanovich Biryukov (1901–1980), commander of the XX Guards Rifle Corps, 4th Soviet Army, and his staff on the bridge at Enns. Photo by Sergeant Bruce Hawkins

Generalleutnant Walton H. Walker aus Belton in Texas trifft Generalleutnant Nikolai Iwanowitsch Biryukow (1901–1980), den Kommandeur des XX. Garde-Infanterie-Korps der 4. Armee, Generalmajor Demitrius Antonin Dritschkin, den Kommandeur der 7. Garde-Fallschirmspringerdivision und deren Stäbe an der Brücke. Sie stehen am 9. Mai 1945 in **Enns** einer Ehrengarde von Generalmajor Reinhart gegenüber.

Lieutenant General Walton H. Walker of Belton, TX, meets Lieutenant General Nikolai Ivanovich Biryukov (1901–1980), commander of the XX Guards Rifle Corps, 4th Soviet Army, Major General Dmitrii Antonin Drichkin, commander of the 7th Guards Parachute Division, and staff at the bridge over the **Enns** River in Austria. They are facing an honor guard of Major General Reinhart's 65th Infantry Division on May 9, 1945.

William H. Jordy aus New Haven in Connecticut von der 65. Infanterie-Division am 10. Mai 1945 vor dem Grab von Anton Bruckner in **St. Florian.**

Technician 4 William H. Jordy of New Haven, CT, from the 65th Infantry Division at classical composer, Anton Bruckner's tomb in St. Florian, Austria, on May 10, 1945.

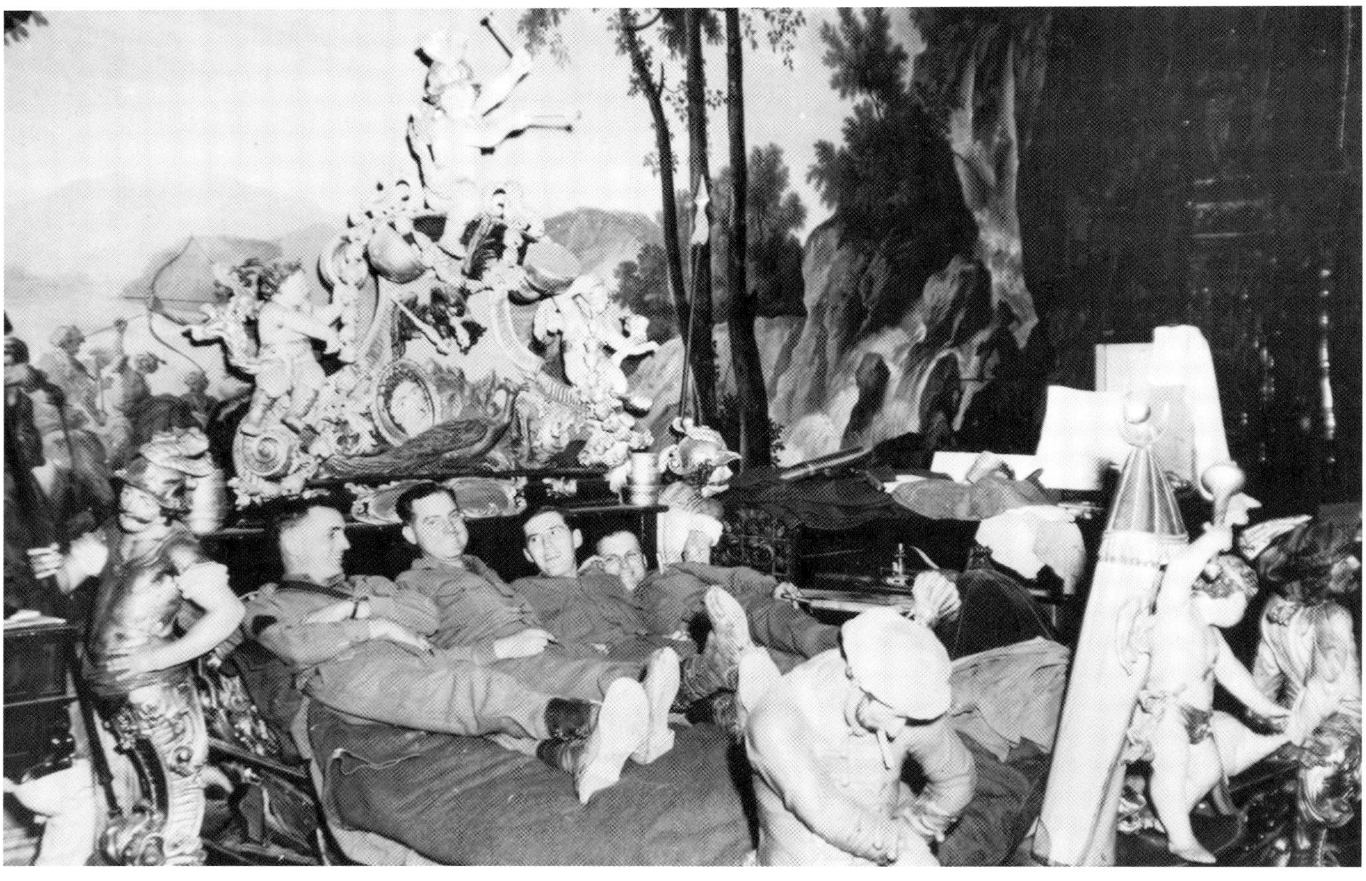

Vier Soldaten der 65. Infanterie-Division rasten am 10. Mai 1945 auf einem historischen Bett in **St. Florian**; von links nach rechts: Oberfeldwebel Joseph L. Sharpe aus Greenwood in Mississippi, Gefreiter Gerald F. Miller aus Dallas in Texas, Techniker 5. Grades Angus Aillo aus Charleston in West-Virginia, und Techniker 4. Grades Wilford L. Black aus Newry in Pennsylvanien.

Four soldiers of the 65th Infantry Division are posing on an ornate bed at the St. Florian Monastery, Austria, on May 10, 1945; left to right: Staff Sergeant Joseph L. Sharpe of Greenwood, Mississippi, Private Gerald F. Miller of Dallas, TX, Technician 5 Angus Aillo of Charleston, WVA, and Technician 4 Wilford L. Black of Newry, PA.

II. Sieg der Alliierten

II. Allied Victory

Am 5. Mai 1945 überquert General Omar Nelson Bradley, der Kommandeur der 12. Heeresgruppe, die Grenze, um Marschall Iwan Stepanowitsch Konjew (1897–1973), den Kommandeur der 1. Ukrainischen Front, in dessen Hauptquartier bei **Torgau** zu treffen. Er bringt Konjew einen Jeep als Geschenk der 1., 3., 9. und 15. amerikanischen Armee. Bild: N. Cutler

On May 5, 1945, General Omar Nelson Bradley, commander of the 12th Army Group, crosses the line to meet Marshal Ivan Stepanovich Konev (1897–1973), commander of the 1st Ukrainian Front, at his headquarters near Torgau, Germany. There, he gives Konev a Jeep as a gift of the soldiers of the 1st, 3rd, 9th and 15th Armies. Photo by Technician 4 N. Cutler

Nach einem Essen am 27. April 1945 in **Torgau** anlässlich des Treffens von Generalmajor Clarence R. Huebner (1888-1972), dem Kommandeur des V. Korps, und Generalmajor Gleb Wladimirowitsch Baklanow (1910-1976), dem Kommandeur des sowjetischen 34. Gardekorps, tanzen amerikanische Offiziere mit weiblichen Soldaten der Roten Armee. Bild: E. Braun

April 27, 1945: After a dinner in Torgau, celebrating the meeting of Major General Clarence R. Huebner (1888-1972), commander of the V Corps, and Major General Gleb Vladimirovich Baklanov (1910-1976), commander of the Soviet XXXIV Guards Corps, officers dance with Red Army women soldiers. Photo by Technician 5 E. Braun

Generalleutnant William Hood Simpson (1888–1980), der ehemalige Kommandeur des XII. Korps und jetzt Kommandeur der 9. Armee, wird von Sowjets bei einer Feier zu Ehren der 33. Roten Armee in die Luft geworfen. Generaloberst V. D. Tschwetnew, im Vordergrund, applaudiert.

Lieutenant General William Hood Simpson (1888–1980), previous commander of the XII Corps and now commander of the 9th Army, tossed into air by Soviets during a celebration for the 33rd Red Army. Colonel General V. D. Tsvetnev in the foreground, applauds.

Generalmajor Clarence R. Huebner, Kommandeur des V. Korps, zeigt im **Pentagon** in Washington DC die in den Schlachtfeldern mitgenommene Fahne des sowjetischen XXXIV. Garde-Korps, die von Stalingrad bis zum Sieg an der Elbe dabei war. Generalmajor Gleb Wladimirowitsch Baklanow, der Kommandeur des 34. Garde-Korps, hat sie ihm beim Zusammentreffen ihrer Streitkräfte am 27. April 1945 überreicht.

Pentagon in Washington, DC: Major General Clarence R. Huebner, commander of the V Corps, displays the battle-scarred flag of the Soviet XXXIV Guards Corps, which was carried from Stalingrad to victory on the Elbe River in Germany. Major General Gleb Vladimirovich Baklanov, commander of the 34th Guards Corps had presented it to him at the junction of their forces on April 27, 1945.

Mitgliedschaft in der Ehrenlegion, von Napoleon Bonaparte erstmals verliehen im Jahre 1802, ist Frankreichs höchste Auszeichnung. Im **Viechtacher** Hauptquartier des XII. Korps wird das Abzeichen am 30. April 1945 Oberst Charles Hancock Reed, dem Kommandeur der 2. Kavallerie-Gruppe, für hervorragende Führung verliehen.

The *Legion of Honor,* an order established by Napoleon Bonaparte in 1802, is the highest decoration in France. At the XII Corps Headquarters in Viechtach on April 30, 1945, it is presented to Colonel Charles Hancock Reed for excellent conduct

Ein vorgeschobener Beobachter dirigiert den Artilleriebeschuß der 71. Infanterie-Division in **Steyr.**

A forward observer directing artillery fire for the 71st Infantry Division in Steyr, Austria.

In der Hoffnung, auf Sowjets zu treffen, steht eine Kolonne des 5. Regiments der 71. Infanterie-Division am 5. Mai 1945 in **Steyr.**

A convoy of the 5th Regiment, 71st Infantry Division, lining up in Steyr on May 5, 1945, hoping to meet Soviet troops.

Generalleutnant Alexander Patch, Kommandeur der 7. Armee, General Jacob L. Devers, Kommandeur der 6. Heeresgruppe, Generalleutnant Wade H. Haislip, Kommandeur vom XV. Korps, und Generalmajor „Iron Mike" O'Daniel, Kommandeur der 3. Infanterie-Division, treffen am 5. Mai 1945 bei Thorak in **Haar** ein. Sie treffen dort Generalleutnant Hermann Foertsch von der 1. Armee im Auftrag der Heeresgruppe G unter Generalfeldmarschall Albert Kesselring.

Lieutenant General Alexander Patch, commander of the 7th Army, General Jacob L. Devers, commander of the 6th Army Group, Lieutenant General Wade H. Haislip, commander of the XV Corps, and Major General "Iron Mike" O'Daniel, commander of the 3rd Infantry Division, arrive at the Thorak estate in Haar on May 5, 1945. They are preparing to meet Lieutenant General Hermann Foertsch of Germany's 1st Army, sent by Army Group G commanded by Field Marshal Albert Kesselring.

Bedingungslose Kapitulation der Heeresgruppe G am 5. Mai 1945 in **Haar:** Generalleutnant Hermann Förtsch, Kommandeur der 1. Armee und ein persönlicher Stellvertreter von Feldmarschall Albert Kesselring, unterzeichnet, was General Jacob L. Devers, Kommandeur der 6. Heeresgruppe, ihm vorgelegt hat. Bild: Hauptmann Stoen

Unconditional surrender of Army Group G on May 5, 1945, in Haar: Lieutenant General Hermann Förtsch, commander of Germany's 1st Army, and a personal representative of Field Marshal Albert Kesselring, signing the terms presented to him by General Jacob L. Devers, commander of the 6th Army Group. Photo by Captain Stoen

Tschechoslowakische Soldaten bei der Rückkehr in ihre Heimat am 1. Mai 1945. Sie waren seit dem Einmarsch der Deutschen im Exil und hissen gleich ihre Fahne. Die 160 Leute sind mit sechs Bofors Flakgeschützen für den Bodenkampf ausgerüstet und mit einem Zug motorisierter Infanterie. Nach dem Zeremoniell werden sie einem Regiment der 1. Amerikanischen Infanterie-Division zugeteilt und werden bei **Eger** Seite an Seite mit ihr in der Tschechoslowakei vordringen. Bild: Edward A. Norbuth

Czechoslovakian troops returning to their homeland on May 1, 1945. They had been in exile since the German invasion, and are about to hold a flag-raising ceremony. The 160 men are armed with six Bofors anti-aircraft guns to attack ground targets, and include a platoon of motorized infantry. After the ceremony, these troops will join a regiment of the 1st US Infantry Division near Cheb, and fight alongside the Americans during the drive into Czechoslovakia. Photo by Technician 5 Edward A. Norbuth

Brigadegeneral George Arthur Taylor aus Portland in Orgon, stellvertretender Kommandeur der 1. Infanterie-Division (links), der Übersetzer Captain Carl Oelve aus Michigan und Generalleutnant Dr. Fritz Benicke beim Unterzeichnen der Kapitulation für etwa 70.000 Soldaten und deren Ausrüstung unter seinem Kommando.

Brigadier General George Arthur Taylor from Portland, OR, assistant commander of the 1st Infantry Division, left, the interpreter Captain Carl Oelve from Michigan, and Lieutenant General Dr. Fritz Benicke sign surrender papers for approximately 70,000 troops and equipment under his command.

Reims am 6. Mai 1945, ehe die bedingungslose Kapitulation im Kriegszimmer unterzeichnet wird: General Dwight David Eisenhower (rechts) redet mit Generalmajor Iwan Aleksejewitsch Susloparow (1897–1974), dem sowjetischen Stabschef und dessen rechter Hand, Oberst Zenkowitsch (Mitte).

Rheims, France, on May 6, 1945, just before the German unconditional surrender is signed in the SHAEF war room: General Dwight David Eisenhower (right), talking with Major General Ivan Aleksejevich Susloparov (1897–1974), the Soviet chief of staff, and his aide, Colonel Zenkovitch (center).

Brigadegeneral Terence John Tully (1900-1978), Eisenhowers oberster Nachrichtenoffizier.

Brigadier General Terence J. Tully, Eisenhower's chief signal corps officer.

Am 8. Mai 1945 im sowjetischen Hauptquartier in **Berlin** (von links nach rechts): Generaloberst Hans-Jürgen Stumpff (1889–1968) von der Luftwaffe, Generalfeldmarschall Wilhelm Bodewin Gustav Keitel (1882–1946) vom Heer, and General Admiral Hans-Georg von Friedeburg (1895–1945) von der Kriegsmarine unmittelbar vor dem Unterzeichnen der Kapitulation. Bild: Leutnant Moore

On May 8, 1945, at the Soviet Headquarters in Berlin (left to right): Colonel General Hans-Jürgen Stumpff (1889–1968) of the German Airforce, Field Marshal Wilhelm Keitel (1882–1946) of the German Army and General Admiral Hans-Georg von Friedeburg (1895–1945) of the German Fleet just before they sign the surrender. Photo by Lieutenant Moore

Generalfeldmarschall Wilhelm Bodewin Gustav Keitel (1882–1946), Oberbefehlshaber des deutschen Heeres, Generaloberst H. J. Stumpf, Oberbefehlshaber der Luftwaffe, Admiral H. G. Friedeburg, Oberbefehlshaber der Marine (hinten rechts), kurz nach dem Unterzeichnen der Kapitulation im sowjetischen Hauptquartier (frühere Pionierschule) in **Berlin** am 7. Mai 1945. Vom Nürnberger Militärgericht wird Keitel zum Tode verurteilt und als Kriegsverbrecher erhängt.

Field Marshal Wilhelm Bodewin Gustav Keitel (1882–1946), commander in chief of the German Army, Colonel General H J. Stumpf, chief of the Luftwaffe, General Admiral H. G. Friedeburg, commander of the Navy (rear right), shortly after signing surrender documents at the Soviet headquarters (the former German Army engineering school) in Berlin on May 7, 1945. At the Allied court at Nuremberg, Keitel will be tried, sentenced to death and hanged as a major war criminal.

Der Krieg ist zu Ende. Am 9. Mai 1945 gibt der sowjetische Generalmajor Demitrius Antonin Dritschkin eine Feier zum amerikanisch-sowjetischen Schulterschluss in **Erlauf**. Bild: W. R. Williams

To celebrate the end of the war, on May 9, 1945, Soviet Major General Dmitri Antonin Drichkin, hosts a reception marking the American-Soviet link-up at Erlauf, Austria. Photo by Technician 5 W. R. Williams

9. Mai 1945 in **Erlauf:** Generalmajor Demitrius Antonin Dritschkin, Kommandeur der sowjetischen 7. Fallschirmjägergarde, links mit Generalmajor Stanley Eric Reinhart, dem Kommandeur der 65. Infanterie-Division. Rechts steht der sowjetische Major T. A. Rapaport. Bild: W. R. Williams

May 9, 1945, in Erlauf, Austria: Major General Dmitri Antonin Drichkin, commander of the Soviet 7th Guards Parachute Division, left, talks with Major General Stanley Eric Reinhart, commander of the 65th Infantry Division. At the right is the Soviet Major T. A. Rapaport. Photo by Technician 5 W. R. Williams

9. Mai 1945: Generalleutnant Walton Harris Walker (1889-1950), Kommandeur des XX. Korps der 3. US-Armee, und sein Stab treffen Generalleutnant Nikolai Iwanowitsch Biryukow (1901–1980), Kommandeur des XX. Gardekorps der 4. Garde-Armee, und dessen Stab.

May 9, 1945: Lieutenant General Walton Harris Walker, commander of the XX Corps, US 3rd Army, and his staff meet Lieutenant General Nikolai Ivanovich Biryukov (1901–1980), commander of the XX. Guards Rifle Corps, 4th Guards Army, and his staff.

Sankt Peter am 10. Mai 1945: Bei ihrer ersten Begegnung tauschen Generalmajor Willard Gordon Wyman (1898-1969), der Kommandeur der 71. Infanterie-Division, und der sowjetische General Iwanowitsch, Kommandeur der 5. Fallschirmjägergarde, ihre Fahnen aus.

St. Peter, Austria, on May 10, 1945: During their first encounter, Major General Willard Gordon Wyman (1898-1969), commander of the 71st Infantry Division, exchanges colors with Soviet General Ivanovich, commander of the 5th Guard's Airborne Division.

Wyman erhält eine Pistole, die der General in der Schlacht um Stalingrad getragen hat. Die 5. Fallschirmjägergarde war im Dezember 1942 in Kirshatsch aufgestellt worden und kämpfte in Demjansk, Woronesch, Korsun, am Dniestr und um Budapest. Sie ist Teil der 4. Garde-Armee und gehört zur 3. Ukrainischen Front.

Wyman receives a pistol the general has carried through the Battle of Stalingrad. Established at Kirshatsch in December, 1942, the 5th Guard's Airborne Division fought at Demyansk, Voronezh, Korsun, on the Dniester River, and at Budapest. It is part of the 4th Guard's Army, and belongs to the 3rd Ukrainian Front.

Bei einer Veranstaltung anlässlich des Zusammentreffens amerikanischer und sowjetischer Soldaten in **Enns** tauschen die Generalleutnants Walker und Biryukow am 10. Mai 1945 die Fahnen ihrer Korps aus.

During a ceremony marking the union of Soviet and American forces in Enns, Lieutenant Generals Walker and Biryukov exchange their Corps' banners on May 10, 1945.

Generalmajor Horace Logan McBride, Kommandeur der 80. Infanterie-Division, und Generalmajor Pawel Iwanowitsch Woskresensky, Kommandeur der 21. Infanterie-Division, inspizieren am 11. Mai 1945 an der Enns bei **Liezen** sowjetische Truppen. Bild: J. M. Heslop

Major General Horace Logan McBride, commander of the 80th Infantry Division, and Major General Pavel Ivanovich Voskresensky, commander of the 21st Infantry Division, inspecting Soviet troops and tanks at the Enns River near Liezen, Austria, on May 11, 1945. Photo by Technician 5 J. M. Heslop

Am 10. Mai 1945 heiratet Feldwebel Herbert W. Moody aus Richmond in Virginia Valentine Smirnoff. Die der Braut gewohnten Rituale werden in der **Pariser** griechisch-othodoxen Kirche strikt eingehalten. Während der ganzen Zeremonie halten Anwesende nacheinander Kronen über den Köpfen des Brautpaares.

May 10, 1945: In a picturesque ceremony, Sergeant Herbert W. Moody from Richmond, VA, is married to Valentine Smirnoff. All the bride's native rituals are observed in the Parisian Greek Orthodox Church. Throughout the ceremony, attendants take turns holding crowns above the heads of the bride and groom.

11. Mai 1945 in **Strakonitz:** Sowjetsoldaten genießen amerikanische Zigaretten von Leutnant William H. Bell aus Mommouth in Illinois, dem Kommandeur der Signal-Photoabteilung im XII. Korps. Im Gegenzug bietet einer der Sowjets ihm Feuer an.

On May 11, 1945, in Strakonice, Czechoslovakia, Soviet soldiers enjoy American cigarettes given to them by Lieutenant William H. Bell from Mommouth, IL, commander of the XII Corps' Signal Photo Detachment. One of the Soviets lights the Lieutenant's cigarette.

Ein sowjetischer und ein amerikanischer Soldat treffen aufeinander.

A Soviet and an American soldier getting acquainted.

Generalmajor Stafford LeRoy Irwin zeichnet einen sowjetischen Kommandeur aus. Vor der Tür (Mitte) steht Brigadegeneral John M. Lentz, Kommandeur der Artillerie des XII. Korps.

Major General Stafford LeRoy Irwin decorates a Soviet commander. Standing in the doorway (center) is Brigadier General John M. Lentz, commander of the XII Corps Artillery.

Generalmajor Irwin gratuliert Oberst Yelisseyev von der Roten Armee, nachdem er ihm den Verdienstorden überreicht hat.

After presenting him with the *Legion of Merit,* Major General Irwin congratulates Soviet Army Colonel Yelisseyev.

Generalmajor John M. Devine (1895-1971), Kommandeur der 8. Panzerdivision, begrüßt Präsident Benesch.
Major General John M. Devine (1895-1971), commander of the 8th Armored Division, greets President Benes.

Während einer Siegesfeier in **Prag** am 12. Mai 1945 sammelt sich eine Menge Leute um die Rednertribüne.
Bild: Marre G. Harding

Crowds gather around the speakers' platform in Prague, Czechoslovakia, during VE-Day celebration on May 12, 1945. Photo by Technician 4 Marre G. Harding

Oberstleutnant Arthur M. Sherwood von der Personalabteilung der 2. Infanterie-Division am 12. Mai 1945 beim Verlesen der amerikanischen Orden für die 1. Ukrainische Armee in **Pilsen**.

Lieutenant Colonel Arthur M. Sherwood, G-1 section of the 2nd Infantry Division, reads orders for US awards to be presented to Soviets of the 1st Ukrainian Army at Plzen, Czechoslovakia, on May 12, 1945.

Stabsfeldwebel Marvin Field aus Stephen in Minnesota dirigiert am 13. Mai 1945 in **Pilsen** die Band der 2. Infanterie-Division.

2nd Infantry Division band, conducted by Warrant Officer Marvin Field from Stephen, MN, playing in concert at Plzen, Czechoslovakia, on May 13.

General Omar Nelson Bradley gratuliert General George Smith Patton Junior bei einem Besuch in **Regensburg** zum Sieg.

General Omar Nelson Bradley congratulates General George Smith Patton, Jr. during his victory visit in Regensburg.

Als die Generäle Walker und Reinhart General Patton Junior zur Zeremonie treffen, tragen beide auf der rechten Seite die gleichen Medaillen. Während ihres ersten Treffens am 8. und 9. Mai 1945 in Erlauf hat Generalleutnant Nikolai Iwanovich Biryukow, der Kommandeur des XX. Garde-Infanterie-Korps, Reinhart ausgezeichnet. Unterhalb des sowjetischen *Ordens des Krieges ums Vaterland*, 1. Klasse, wird das sowjetische *Garde-Armee*-Abzeichen getragen. Es macht den Träger zum Ehrenmitglied, worauf Reinhart stolz ist. Mit Genehmigung der US-Armee trägt er beide Medaillen nach dem Krieg weiter.

When Generals Walker and Reinhart meet General Patton, Jr. for the ceremony, both wear the same medals on their right side. On May 8 and 9, 1945, during their initial meetings at Erlauf, Austria, Lieutenant General Nikolai Ivanovitch Biryukov, Commander of the XX Guards Rifle Corps, decorated Reinhart. Worn below the Soviet *Order of the Patriotic War*, 1st Class, is the Soviet Army Guards insignia. It makes the bearer an honorary member of the Guards, which Reinhart considers a significant honor. With Army approval, he continues to wear both medals after the war.

Für den 12. Mai 1945 war ein festliches Mittagessen in **Linz** anberaumt. Zuvor trifft General George Smith Patton Junior Generalleutnant Nikonor Dimitriewitsch Zahwataeff, den Kommandeur der sowjetischen 4. Garde-Armee. Bei der Gelegenheit erhalten Zahwataeff und sechs seiner Leute eine Fahne der 3. Armee und je eine Medaille *Legion of Merit*.

A festive luncheon was set up in Linz, Austria, on May 12, 1945. Beforehand, General George Smith Patton, Jr. meets Lieutenant General Nikonor Dimitrievitch Zahwataeff, commander of the Soviet 4th Guards Army. On that occasion, Zahwataeff and six of his men are presented with 3rd Army colors and a *Legion of Merit* medal for each.

Elite-Truppen der Sowjets erhielten die Bezeichnung Garde. Die 4. Garde-Armee entstand am 16. April 1943 und kämpfte in der Schlacht von Kursk, in der Yassko-Kishinev-Offensive, im Ringen um das Herz Ungarns und um Wien. Bei Kriegsende gehört sie der 3. Ukrainischen Front an. Am Montag, den 14. Mai 1945, kommt General Patton Junior am **Hörschinger** Flughafen an, um in Zahwataeffs Hauptquartier eine Ehrung entgegenzunehmen.

The Guards designation was given to elite Soviet troops. Formed on April 16, 1943, the 4th Guards Army fought in the Battle of Kursk, the Yassko-Kishinev Offensive, the struggle for central Hungary, and Vienna. At the end of combat, it is part of the 3rd Ukrainian Front. On Monday, May 14, 1945, General Patton, Jr. arrives at the Hörsching airport in Austria to be decorated at Zahwataeff's headquarters.

Damit die sowjetischen Ehrengäste am Festessen am 15. Mai 1945 teilnehmen können, lässt Generalmajor LeRoy Irwin sie in der Tschechoslowakei mit Aufklärungs-Flugzeugen abholen.

To attend the XII Corps party on May 15, 1945, Major General LeRoy Irwin had his Soviet guests of honor picked up in Czechoslovakia by reconnaissance planes.

Brigadegeneral Ralph Julian Canine, der Stabschef des XII. Korps (Mitte), bei der Party für sowjetische Kommandeure in **Grafenau** am 15. Mai 1945.

Brigadier General Ralph Julian Canine, Chief of Staff at the XII Corps (center), at the outdoor party for Soviet commanders in Grafenau on May 15, 1945.

Während eines Festessens in **Grafenau** am 15. Mai 1945 stößt General Nikolai Nikolajewitsch Schkodunowitsch (1900–1964), der Stabschef der 39. Infanterie-Division, auf Generalmajor Stafford LeRoy Irwin an.

During a party for the Soviets in Grafenau on May 15, 1945, General Nikolai Nikolajevich Shkodunovich (1900–1964), Chief of Staff of the 39th Rifle Division, proposes a toast to Major General Stafford LeRoy Irwin.

Party in **Grafenau** am 15. Mai 1945: Mary K. Moore aus Seattle in Washington, Clarice Kickox aus Springfield in Illinois und Elma R. Ernst aus Quincy in Illinois vom Roten Kreuz mit drei sowjetischen Generälen des 39. und 68. Korps. Bild: Unteroffizier Edward Belfer

Party in Grafenau on May 15, 1945: Red Cross hostesses Mary K. Moore from Seattle, WA, Clarice Kickox from Springfield, IL, and Elma R. Ernst from Quincy, IL, with three of the Soviet generals of the 39th and 68th Corps. Photo by Corporal Edward Belfer

Während Generalmajor Irwins XII. Korps die Donau hinunter kämpfte, arbeiteten sich Marschall Rodion Yakowlewitsch Malinowsky (1898–1967), der künftige Verteidigungsminister der Sowjetunion, und seine Soldaten den Fluss hinauf. Jeden Tag zeigten Karten die kleiner werdende Lücke an, und eine Reihe herzlicher Treffen finden statt, wo immer sowjetische Einheiten auf ihre amerikanischen Kollegen treffen.

As Major General Irwin's XII Corps was fighting its way down the Danube River, Marshal Rodion Yakovlevich Malinovsky (1898–1967), the future Defense Minister of the Soviet Union, and his soldiers were working their way up. Daily, maps marked their decreasing gap, and a series of heartfelt parties ensues wherever Soviet units meet their American counterparts.

Eine amerikanische Rotkreuz-Schwester tanzt mit einem sowjetischen General.

An American Red Cross Nurse dancing with a Soviet general.

Sowjet-Party für das XII. Korps

Soviet-sponsored party for the XII Corps.

Marschall Konjew zeichnet General Bradley mit dem *Orden von Suvorov* aus. Konjew wird sowjetischer Hochkommissar von Österreich (1945-1946) und Kommandeur der sowjetischen Truppen in der DDR (1961–1962).

Marshal Konev presenting General Bradley with the Soviet *Order of Suvorov*. Konev will become Soviet High Commissioner in Austria (1945-1946), and Commander in Chief of the Soviet Group of Forces in East Germany (1961–1962).

Am 17. Mai 1945 gibt General Bradleys Hauptquartier in **Bad Wildungen** ein Mittagessen zu Ehren von Marschall Konjew.

On May 17, 1945, General Bradley's headquarters in Bad Wildungen hosts a luncheon in honor of Marshal Konev.

Der Geiger Jascha Heifetz (links) und der Hollywood-Star Obergefreiter Mickey Rooney (rechts) ehren Marschall Konjew während eines Mittagessens am 17. Mai 1945 in **Bad Wildungen**.

Honoring Marshal Konev during a luncheon on May 17, 1945, at Bad Wildungen are violinist, Jascha Heifetz (left) and Hollywood star Private First Class Mickey Rooney (right).

Am 17. Mai 1945 schreiten General Omar Nelson Bradley, Kommandeur der 12. Heeresgruppe, und Marschall Iwan Stepanowitsch Konjew, Kommandeur der 1. Ukrainischen Front, in **Bad Wildungen** eine Ehrengarde ab.

On May 17, 1945, General Omar Nelson Bradley, commander of the 12th Army Group, and Marshal Ivan Stepanovich Konev, commander of the 1st Ukrainian Front, pass the Guard of Honor in Bad Wildungen.

Offiziere der 5. Infanterie-Division nehmen am 18. Mai 1945 an einem sowjetischen Zeremoniell in **Protiwin** teil.
Officers of the 5th Infantry Division participating in a Soviet ceremony in Protivin, Czechoslovakia, on May 18, 1945.

Während ein Panzer der 41. Kavallerie-Spähtruppe von der 11. Panzerdivision am 14. Mai 1945 bei **Pregarten** Wache hält, häufen Sowjets von Österreichern beschlagnahmte Gewehre auf. Bild: Obergefreiter P. P. Pantaleone

As a tank of the 41st Cavalry Reconnaissance Squadron of the 11th Armored Division is on watch near Pregarten, Austria, on May 14, Soviets are stacking guns confiscated from Austrians.
Photo by Private First Class P. P. Pantaleone

Österreichische Zivilisten am 14. Mai 1945 beim Aufräumen von Feldern und Straßen auf Anordnung der Sowjets in **Pregarten**. Bild: Obergefreiter P. P. Pantaleone

Austrian civilians clearing roads and fields in Pregarten, Austria, under Soviet orders on May 14, 1945. Photo by Private First Class P. P. Pantaleone

Tschechen jubeln Sowjets am 15. Mai 1945 in **Prag** zu.

Czechs welcoming Soviets in Prague, Czechoslovakia, on May 15, 1945.

Banner, die amerikanische und sowjetische Truppen am 16. Mai 1945 in **Wohlau** willkommen heißen.

Signs welcoming American und Sovjet Forces in Volyne, Czechoslovakia, on May 16, 1945.

Am 14. Mai 1945 werden deutsche Kriegsgefangene durch die Stadt **Gallneukirchen** geführt, um von der 11. Panzerdivision an die Sowjets übergeben zu werden.

On May 14, 1945, German prisoners of war are marched through Gallneukirchen, Austria, and are to be turned over to Soviets by the 11th Armored Division.

Amerikanische und sowjetische Soldaten stehen am 14. Mai 1945 bei **Freistadt** beieinander und schauen Kriegsgefangenen zu, wie sie in ein Lager rollen.

American and Soviet soldiers standing side by side, eying Axis soldiers rolling into a prisoner of war enclosure near Freistadt, Austria, on May 14, 1945.

Deutsche Zivilisten, die vor der Roten Armee geflüchtet sind, warten am 16. Mai 1945 in **Wohlau** auf ihr Verhör.

German civilians who fled from the Red Army are awaiting interrogation in Volyne, Czechoslovakia, on May 16, 1945.

Am 16. Mai 1945 werden österreichische und deutsche Zivilisten, die vor der Roten Armee geflüchtet sind, von der 5. Infanterie-Division in die sowjetische Zone zurückgebracht. Hier warten sie auf einem Feld nordöstlich von **Wohlau** bei Strakonitz auf ihren Transport. Bild: R. J. Schneider

On May 16, 1945, Austrian and German civilians who fled from the Red Army, being returned to Soviet lines by the 5th Infantry Division. Here, they are waiting for transportation in a field northeast of Volyne in the Strakonice district, Czechoslovakia. Photo by Technician 5 R. J. Schneider

Am 4. Juni 1945 passiert ein Sherman-Panzer die Ennsbrücke in **Liezen.** Er ist mit Sowjets bemannt und im Rahmen eines Abkommens erworben, in dem Amerika die Sowjetunion und andere Alliierte mit großen Mengen an Kriegsmaterial versorgte. Bild: Harry Miller

On June 4, 1945, a Sherman tank manned by Soviets passes over the Enns Bridge at Liezen, Austria. It was aquired through "Lend-Lease", the programm under which the United States supplied the Soviet Union and other Allied nations with vast amounts of war material. Photo by Harry Miller

Feldmarschall Bernard Law Montgomery (1887-1976), General Dwight David Eisenhower und Marshall der sowjetischen Armee Gregory Konstantinowitsch Schukow (1896-1974) stoßen am 10. Juni 1945 auf den Sieg der Alliierten an. Schukow hat sie gerade mit dem *Siegesorden,* der höchsten militärischen Auszeichnung der Sowjetunion geehrt. Bild: Messerlin

On June 10, 1945, Field Marshal Bernard Law Montgomery, (1887-1976), General Dwight David Eisenhower and Marshal of the Soviet Army, Gregory Kontantinovich Zhukov (1896-1974), toasting the victory of the Allied Nations. Zhukov has just presented them with the *Order of Victory,* the Soviet's highest military award.
Photo by Technician 4 Messerlin

Am 14. Juni geht eine lange Schlange sowjetischer DPs in **Linz** an Bord der „Saturus".
On June 14, 1945, a long line of Soviet displaced persons is boarding the "Saturus" in Linz, Austria.

Befreite Sowjets kehren an Bord der „Saturus" am 14. Juni von **Linz** aus heim. Bild: Feldwebel Brignolo
Liberated Soviets returning home aboard the "Saturus" in Linz on June 14, 1945. Photo by Sergeant Brignolo

Am 14. Juni unterhalten sich die Leutnants George B. Prentice aus San Diego in Kalifornien und der sowjetische Verbindungs-Offizier, ehe das ehemalige deutsche Lazarettschiff „Saturus" die amerikanische Zone verlässt. Es wird genutzt, um sowjetische DPs in ihre Heimat zurückzubringen.

On June 14, 1945, Lieutenants George B. Prentice from San Diego, CA, and a Soviet Liaison Officer talk before the former German Hospital Ship "Saturus" leaves the American sector at Linz, Austria. The ship is being used to transport Soviet DPs back to their native land.

Das ehemalige Lazarettboot "Saturus" verlässt **Linz** mit sowjetischen DPs an Bord.

The former hospital ship "Saturus", loaded with Soviet DPs, leaving Linz.

General Jacob Devers von der 6. und 12. Heeresgruppe und eine Delegation der 4. Panzer-Division am 14. Juni beim Verleihen der Auszeichnung des amerikanischen Präsidenten. Rechts von ihm steht in der **Landshuter** Zeremonie Generalmajor William M. Hoge, Kommandeur der Division, links der Kommandeur der Polnischen Heere im Westen, Generalleutnant Wladyslaw Anders (1892–1970), Generalmajor Malin Craig (1875–1945) von der 3. US-Armee (in General Patton Junior's Abwesenheit), und Generalmajor Stafford LeRoy Irwin.

Presidential Unit Citation: General Jacob Devers of the 6th and 12th Army Group addressing a delegation of the 4th Armored Division in a ceremony in Landshut on June 14, 1945. On his right is Major General William M. Hoge, commander of the Division, on the left the Commander in Chief of Polish Armies in the West, Lieutenant General Wladyslaw Anders (1892–1970), Major General Malin Craig (1875–1945) of the 3rd US Army (in General Patton, Jr.'s absence), and Major General Stafford LeRoy Irwin.

Landshut, am 14. Juni 1945: General Jacob L. Devers, Kommandeur der 6. und 12. Heeresgruppe, überbringt der 4. Panzerdivision ein Lob des Präsidenten für ihre herausragende Kampfleistung in Frankreich und Deutschland. Feldwebel James J. Foley aus Hartford in Connecticut hält die Divisionsfahne. Bild: Hauptmann Stoen

Landshut on June 14, 1945: General Jacob L. Devers, commander of the 6th and 12th Army Group, presents the 4th Armored Division with a *Presidential Unit Citation* for their outstanding combat work in France and Germany. Sergeant James J. Foley from Hartford, CT, holds the division flag. Photo by Captain Stoen

Am 10. Juni 1945 weinen Frauen bei einer Gedenkfeier in **Lidice,** Tschechoslowakei, wo Nationalsozialisten alle Männer in der Stadt ermordet haben. Biild: Leutnant Roche

On June 10, 1945, women weeping during a memorial service at Lidice, Czechoslovakia, where National Socialists had murdered all men in the town. Photo by Lieutenant Roche

Konstantinsbad in der Tschechoslowakei am 24. Juni 1945: Major George T. Roland von der Aufklärungs-abteilung der 16. Panzerdivision aus Fort Smith in Arkansas brachte seine Sammlung deutscher Militärabzeichen auf einer Zeltbahn an. Bild: Crabtree

Konstantinovy Lazne, Czechoslovakia, on June 24, 1945: Major George T. Roland of the 16th Armored Division's intelligence section from Fort Smith, AK, displays his collection of German military insignia mounted on a tent shelter half. Photo by Crabtree

Große Portraits von Präsident Truman, Premier Stalin und Ministerpräsident Churchill auf einer sowjetischen Haupttribüne in **Berlin** am 6. Juli. Die Inschrift sagt: „Es ist unsere unbeugsame Absicht, deutschen Militarismus und Nazismus zu zerstören und sicherzustellen, dass Deutschland nie wieder fähig wird, den Weltfrieden zu stören." Bild: Michaud

Large portraits of President Truman, Premier Stalin and Prime Minister Churchill are posted on a Soviet grandstand in Berlin on July 6, 1945. The inscription reads: "It is our inflexible purpose to destroy German militarism and Nazism, and to ensure that Germany will never again be able to disturb the peace of the world."
Photo by Technician 5 Michaud

Am 9. Juli schauen sich drei uniformierte Amerikanerinnen die Tribüne an, von der aus die Alliierte Siegesparade abgenommen wurde. Bilder der „Drei Großen" Alliierten im Hintergrund.

On July 9, 1945, three members of the Women's Army Corps tour the Victory Parade platform in Berlin.
Photos of the "Big Three" Allied leaders are displayed in the background.

Präsident Harry Truman und Staatssekretär Dean Acheson besuchen Marschall Josef Stalin und Außenminister Wjatscheslaw Michajlowitsch Molotow am 18. Juli 1945 in **Potsdam**.

President Harry Truman with Secretary of State Dean Acheson visits Marshal Josef Stalin and Foreign Minister Vyacheslav Mikhailovich Molotov in Potsdam on July 18, 1945.

Oberst Charles Hancock Reed, Kommandeur der 2. Kavalleriegruppe in **Kötzting,** beim Präsentieren von Auszeichnungen für Heldenhaftigkeit und besondere Verdienste während des Krieges am 19. Juli 1945.

Colonel Charles Hancock Reed, commander of the 2nd Cavalry Group in Kötzting, presenting awards for heroism and meritorious service during combat on July 19, 1945

Präsident Benesch zeichnet General Patton Junior am 27. Juli 1945 in Prag mit dem Orden „Weißer Löwe" und dem Militärverdienstkreuz 1. Klasse aus.
President Benes of Czechoslovakia decorates General Patton, Jr. with the order of the *White Lion* and the Military Cross 1st Class in **Prague**, Czechoslovakia, on July 27, 1945.

Am 2. September 1945 in **Wels** zeichnet Generalmajor Reinhart Thomas J. Walsh aus Cambridge in Massachusetts (rechts) mit dem *Verdienstkreuz* für außerordentliches Heldentum im Zusammenhang mit Militär-Operationen gegen den Feind in Frankreich aus.

On September 2, 1945, in Wels, Austria, Major General Reinhart awards Technician 5 Thomas J. Walsh from Cambridge, MA, (right) the *Distinguished Service Cross* for extraordinary heroism in connection with Military Operations against the enemy in France.

Oberstleutnant Russel F. Paul aus Mobile in Alabama, der Kommandeur des 265. leichten Pionierbataillons, verleiht einem seiner Soldaten in Oberösterreich die Medaille *Bronze Star.*

Lieutenant Colonel Russel F. Paul, the 265th Engineer Battalion commander of Mobile, AL, decorates one of his soldiers in Upper Austria with a *Bronze Star.*

Major Rollin T. Steinmetz Jr., ein Nachschub- und Evakuierungsoffizier der 2. Kavallerie-Erkundungsstaffel aus Buffalo Center in Iowa, und Baron Skoda bei **Klatovy** in der Tschechoslowakei.

Major Rollin T. Steinmetz Jr., a supply and evacuation officer of the 2nd Cavalry Reconnaissance Squadron, and Baron Skoda near Klatovy, Czechoslovakia.

III. Vom Krieger zum Verwalter

III. From Warrior to Administrator

Obergefreiter Albert Katzer, ein Signal-Kameramann aus Flint in Michigan von der 65. Infanterie-Division, untersucht am 30. April 1945 bei **Hohenpfahl** Kunststoffstreifen in der Zellwollefabrik.

Private First Class Albert Katzer, a signal cameraman of Flint, MI, from the 65th Infantry Division checking strips of synthetic cloth at the cellulose plant near Hohenpfahl on April 30, 1945.

Verbrechen entdeckt

Atrocities Uncovered

Während der Besatzung sucht die Aufklärungsabteilung des XII. Korps akribisch nach der wahren Identität von Verdächtigen.

During the occupation, the XII Corps' intelligence section carefully checking the true identity of suspects.

Tunnelausgang im KZ **Flossenbürg.**

Tunnel exit of the Flossenbürg Concentration Camp near Weiden.

3. Mai 1945: Ein Ochsenkarren mit Leichen von Häftlingen, die an Hunger und Schlägen im KZ **Flossenbürg** gestorben sind. Die 97. Infanterie-Division hat das Lager übernommen und zwingt Einheimische, am Massenbegräbnis teilzunehmen.

May 3, 1945: A wagon drawn by oxen bears bodies of inmates who perished from starvation and beatings at the Flossenbürg Concentration Camp. The 97th Infantry Division took over the camp and forces local residents to attend the mass burial.

Das KZ **Flossenbürg** wird am 23. April 1945 von der 90. Infanterie-Division befreit. Im Gebäude der *SS*-Wachmannschaft entdeckt Charlie Hollenbeck von der Company C des 358. Regiments die Fotos einer demonstrativen Erhängung außerhalb des Tores.

The Flossenbürg Concentration Camp is liberated on April 23, 1945. In the *SS*-guard house, Charlie Hollenbeck from C Company, 358th Regiment, 90th Infantry Division, discovers these photos of a ceremonial hanging outside the gate.

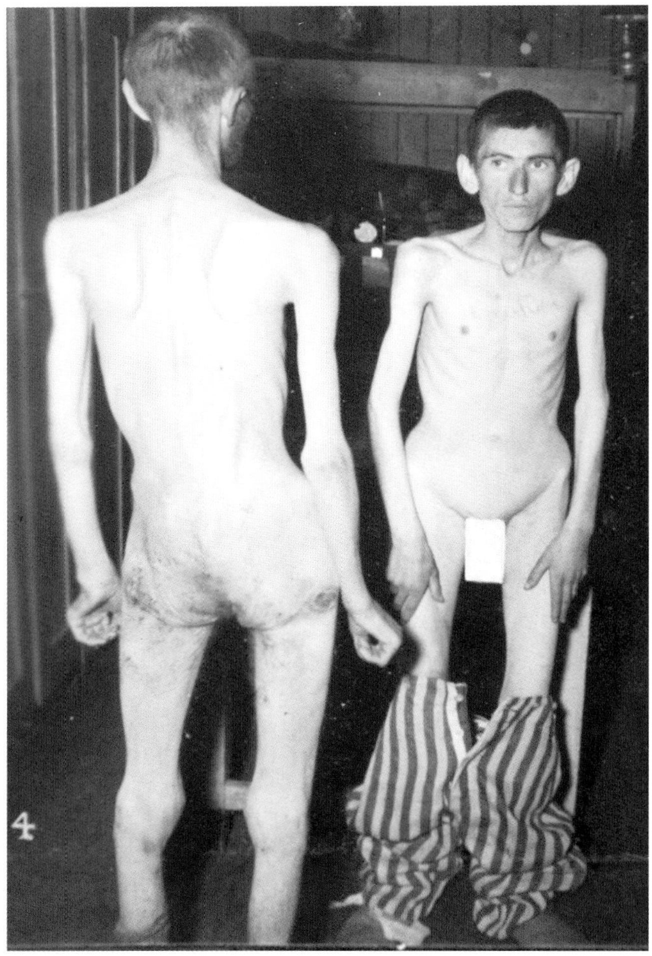

Überlebende von **Flossenbürg** nach der Befreiung

Survivors of Flossenbürg after their liberation.

Amerikanische Soldaten lesen den Willkommensgruß, den Insassen des KZs **Flossenbürg** am 30. April 1945 angebracht haben.

American Soldiers reading a welcome sign posted by inmates at the Flossenbürg Concentration Camp on April 30, 1945.

Särge bei **Schwarzenberg** am 25. April 1945.

Caskets at Schwarzenberg on April 25, 1945.

Der Pfarrer von **Schwarzenberg** liest am 25. April 1945 für circa 200 polnische Juden in einem Massengrab die Messe.

Pastor of Schwarzenberg saying mass for approximately 200 Polish Jews in a mass grave on April 25, 1945.

Am 1. Mai 1945 entdeckt die 97. Infanterie-Division Leichen von Insassen des KZs **Flossenbürg**, die bei einem Evakuierungsmarsch bei Weiden umkamen.

On May 1, 1945, near Weiden, the 97th Infantry Division discovers corpses of Flossenbürg inmates killed on a death march.

Überlebender eines berüchtigten Todesmarsches aus **Flossenbürg** posiert mit einem Inspektor vom amerikanischen Roten Kreuz.

Survivor of an infamous Flossenbürg death march poses with an American Red Cross Inspector.

Polnische und sowjetische Zwangsarbeiter, die von der *SS* auf einem Todesmarsch bei **Wiesenfelden** erschossen wurden, am 26. April 1945. Bild: Obergefreiter J. R. Bradley

April 26, 1945: Polish and Soviet slave laborers shot by *SS* on a death march near Wiesenfelden. Photo by Private First Class J. R. Bradley

Am 26. April 1945 inspizieren Leutnant Martin P. Farrell aus Blankinton, South Dakota, und Unteroffizier Eric Zieger aus Pluckemin, New Jersey, beide vom Spionageabwehr-Team der 26. Infanterie-Division, die Leichen eines sowjetischen und eines polnischen Opfers, die in **Wiesenfelden** erschossen wurden, weil sie bei einem Todesmarsch nicht mehr länger gehen konnten.

On April 26, 1945, Lieutenant Martin P. Farrell, from Plankinton, South Dakota, and Corporal Eric Zieger from Pluckemin, New Jersey, both of the 26th Infantry Division counterintelligence team, inspect the bodies of a Soviet and a Polish victim who were shot at Wiesenfelden when they could no longer walk on a death march.

Suche nach Leichen von 500 KZ-Insassen im **Plattlinger** Massengrab.

Searching a mass grave in Plattling for corpses of 500 concentration camp inmates.

Die Leichen von 66 Juden werden in **Plattling** bestattet.

Burial of 66 Jews in Plattling.

Am 2. Mai 1945 konfrontiert die 26. Infanterie-Division bei **Hals** Schuldige mit einem Ermordeten.

Culprits confronted with a murdered victim near Hals on May 2, 1945.

2. Mai 1945: Der Obergefreite Theodore Townsend von der 26. Infanterie-Division vom Hopatcong See in New Jersey beaufsichtigt einheimische Zivilisten aus **Hals,** die für sowjetische und polnische Opfer Gräber schaufeln müssen. SS-Truppen haben sie ermordet und im Wald zurückgelassen.

May 2, 1945: Private First Class Theodore Townsend of Lake Hopatcong, NJ, from the 26th Infantry Division stands guard as local civilians of Hals are forced to dig graves for Soviet and Polish victims murdered by SS-troops and left in the woods.

Tiefenbach, am 3. Mai 1945. Ned Wells von der 26. Infanterie-Division schreibt hinten auf das Foto: „Drei der Glücklichsten, inmitten ihrer Kameraden. Der Hügel hinten ist das Grab, das sie schaufeln mussten, während sie gequält und schließlich umgebracht wurden. Das kleine Rinnsal links hinten führte Blut. Ich habe es gesehen."

Tiefenbach, May 3, 1945: Ned Wells from the 26th Infantry Division writes on the back of this photograph, "Three of the luckiest ones, amid their buddies. The mound in back is the grave they were made to dig as they were tortured & finally killed. The little stream in the left background actually ran blood – I saw it."

Ned Wells schreibt: „Dies ist einer der zweiundvierzig ermordeten russischen Sklaven, die ich in **Tiefenbach** sah."

Ned Wells writes, "This is one of the forty-two murdered Russian slaves I saw at Tiefenbach."

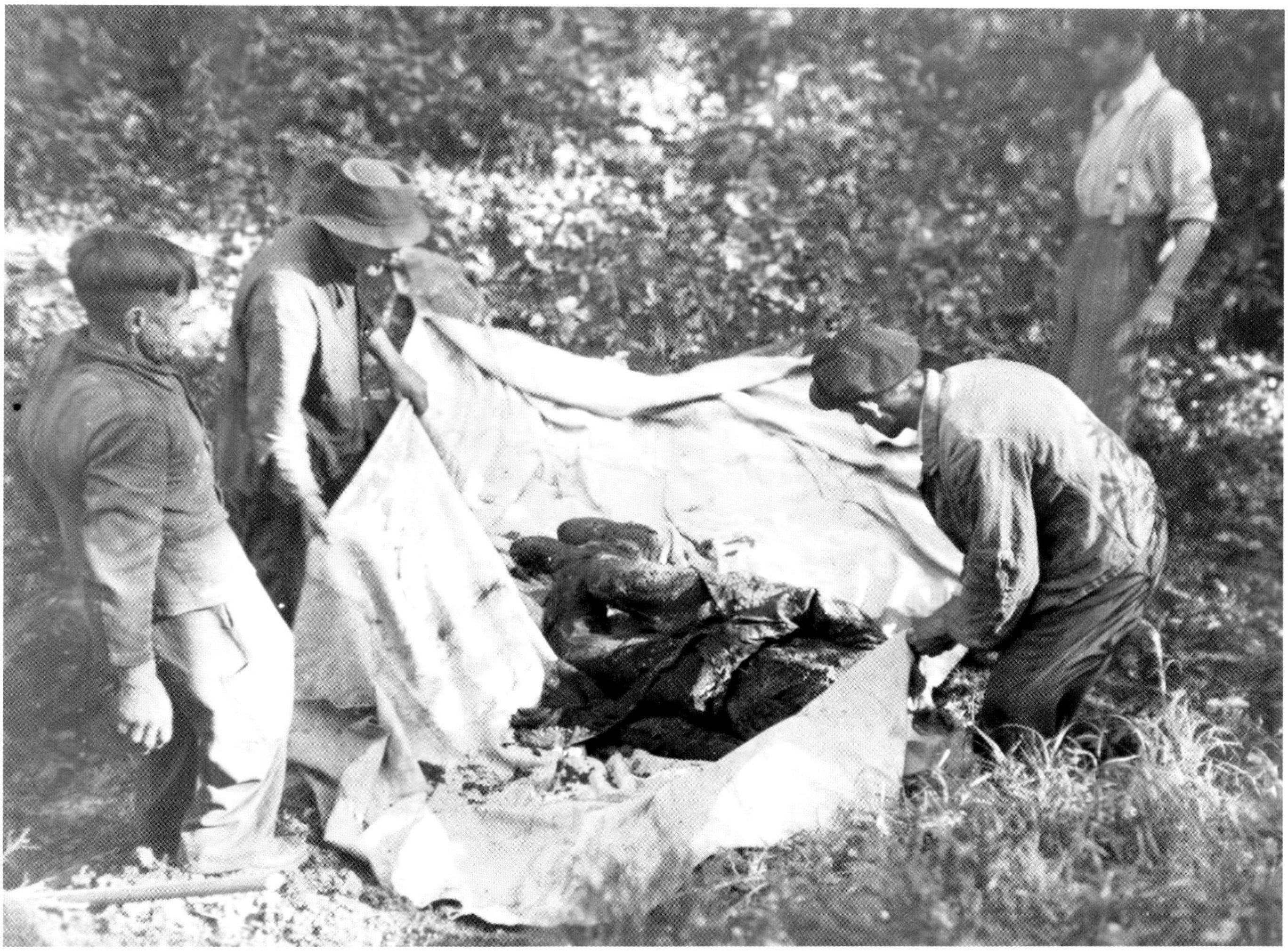

Einer von 92 ermordeten sowjetischen Kriegsgefangenen, die am 16. Mai 1945 im Neuburger Wald bei **Passau** von Zivilisten exhumiert werden. Bild: Chickersky

One of 92 murdered Soviet prisoners of war who is exhumed by civilians in the Neuburg Forest near Passau on May 16, 1945. Photo by Chickersky

Auf ihrem Vormarsch in Bayern werden Leichen und Massengräber für General Patton Juniors Soldaten zum gewohnten Anblick. Arme und Beine ragen aus dem Boden. Als sowjetische und amerikanische Streitkräfte auf Passau zu marschierten, schickten örtliche Befehlshaber an die 1.700 unbewaffnete sowjetische Kriegsgefangene zum Erschießen in die umliegenden Wälder. Im **Neuburger Wald** müssen Zivilisten aus der Umgebung Leichen von Sowjets ausgraben, die widerrechtlich erschossen wurden.

As General Patton, Jr.'s troops advance in Bavaria, corpses and mass graves become a common sight. Arms or legs to stick out of the ground. As Soviet and American forces converge toward Passau, local commanders send approximately 1700 unarmed Soviet prisoners of war on forced marches into the surrounding woods to be executed. In the Neuburg Forest, local civilians have to dig up corpses of Soviets who were murdered in cold blood.

Am 3. Mai 1945 ergibt sich das Personal des Flughafens bei **Kirchham** Generalmajor Reinharts Soldaten. Zu dem Areal gehört ein Außenlager des KZs Flossenbürg. Nachdem Truppen vor Ort eine Gruppe Schuldiger zusammentrommeln, zwingen sie diese, weiße Tücher zur Verfügung zu stellen, die hastig verscharrten Leichen auszugraben und sie ordentlich zu bestatten.

On May 3, 1945, the airport at Kirchham is surrendered to Major General Reinhart's men. The compound includes a satellite of the Flossenbürg Concentration Camp. After troops round up local culprits, they force them to provide white sheets, exhume the hastily interred corpses and rebury them properly.

Befreite Insassen bereiten dem Panzerwagen D-18 vom 41. Kavallerie-Spähtrupp der 11. Panzerdivision bei der Ankunft im **KZ Mauthausen** am 6. Mai ein stürmisches Willkommen. Der Fahrer ist Edward Czarnowski aus Chicago in Illinois. Hinten von links nach rechts: John Slatton aus Haleyville in Alabama und Jerome Rosenthal aus Chicago in Illinois. Auf der linken Seite: William Pickett aus Imboden in Arizona. Insassen, die seit 1936 im Spanischen Bürgerkrieg gegen das Regime von General Franco gekämpft hatten, haben das Banner über dem Tor hergestellt und angebracht. Spanier haben auch mitgeholfen, das Lager unter Kontrolle zu halten.
Bild: Unteroffizier Donald R. Ornitz

Liberated inmates offer a rousing welcome to Armored Car D-18 of the 41st Cavalry Reconnaissance Squadron, 11th Armored Division, entering Mauthausen Concentration Camp, Austria, on May 6, 1945. The driver is Edward Czarnowski of Chicago, IL. In the back from left to right: John Slatton of Haleyville, AL, and Jerome Rosenthal of Chicago, IL; on the left side: William Pickett of Imboden, AR. The banner above the gate was created and placed there by Spaniards who had been fighting in the Spanish Civil War against General Franco's regime since 1936. Spaniards also began to help guard the camp. Photo by Corporal Donald R. Ornitz

Überlebende betrachten am 6. Mai 1945 in **Mauthausen** Leichen von toten Insassen.
Bild: Unteroffizier Donald R. Ornitz

Survivors viewing a pile of dead prisoners on the ground at Mauthausen on May 6, 1945.
Photo by Corporal Donald R. Ornitz

Befreite Insassen zerren am 6. Mai 1945 den nationalsozialistischen Adler vom Eingang des KZs **Mauthausen** herunter. Bild: Unteroffizier Donald R. Ornitz

Liberated inmates pulling down the National Socialist Eagle over the entrance to the Mauthausen Concentration Camp on May 6, 1945. Photo by Corporal Donald R. Ornitz

Verkrüppelte polnische und sowjetische Insassen am 6. Mai 1945 in **Mauthausen** vor einem Wagen des 41. Kavallerie-Spähtrupps der 11. Panzerdivision. Bild: Unteroffizier Donald R. Ornitz

Crippled Polish and Soviet inmates standing in front an armored car of the 41st Cavalry Reconnaissance Squadron, 11th Armored Division, in Mauthausen on May 6, 1945. Photo by Corporal Donald R. Ornitz

Oberösterreich, in der Kommandozentrale des 2. Bataillons, 261. Infanterie-Regiment. Am 6. Mai 1945, unmittelbar nach der Befreiung des KZ Mauthausen, schauen sich R. Patton, Oberstleutnant Fred W. Richards, der Bataillons-Kommandeur, und Hauptmann William H. Johnston, der S-3 des Bataillons, dort um. Der Besuch bietet ihnen die Möglichkeit, sich selbst von den Gräueltaten zu überzeugen, die im Lager begangen worden sind.

Upper Austria, at the command post of the 2nd Battalion, 261st Infantry Regiment. On May 6, 1945, immediately after the liberation of the Mauthausen Concentration Camp, R. Patton, Lieutenant Colonel Fred W. Richards, the battalion commander, and the battalion's S-3, Captain William H. Johnston, view the sight. This visit provides an opportunity to personally witness many atrocities that have transpired in the camp.

Am 6. Mai 1945 hocken ungarische Überlebende am Boden, um zu essen, was sie sich von einem Bauernhaus bei **Mauthausen** geholt haben. Die Gefangenen sind von der 41. Kavallerie der 11. Panzerdivision befreit worden.

On May 6, 1945, Hungarian survivors squat on the floor to eat food picked up from a farm near Mauthausen. The prisoners were liberated by the 41st Cavalry of the 11th Armored Division.

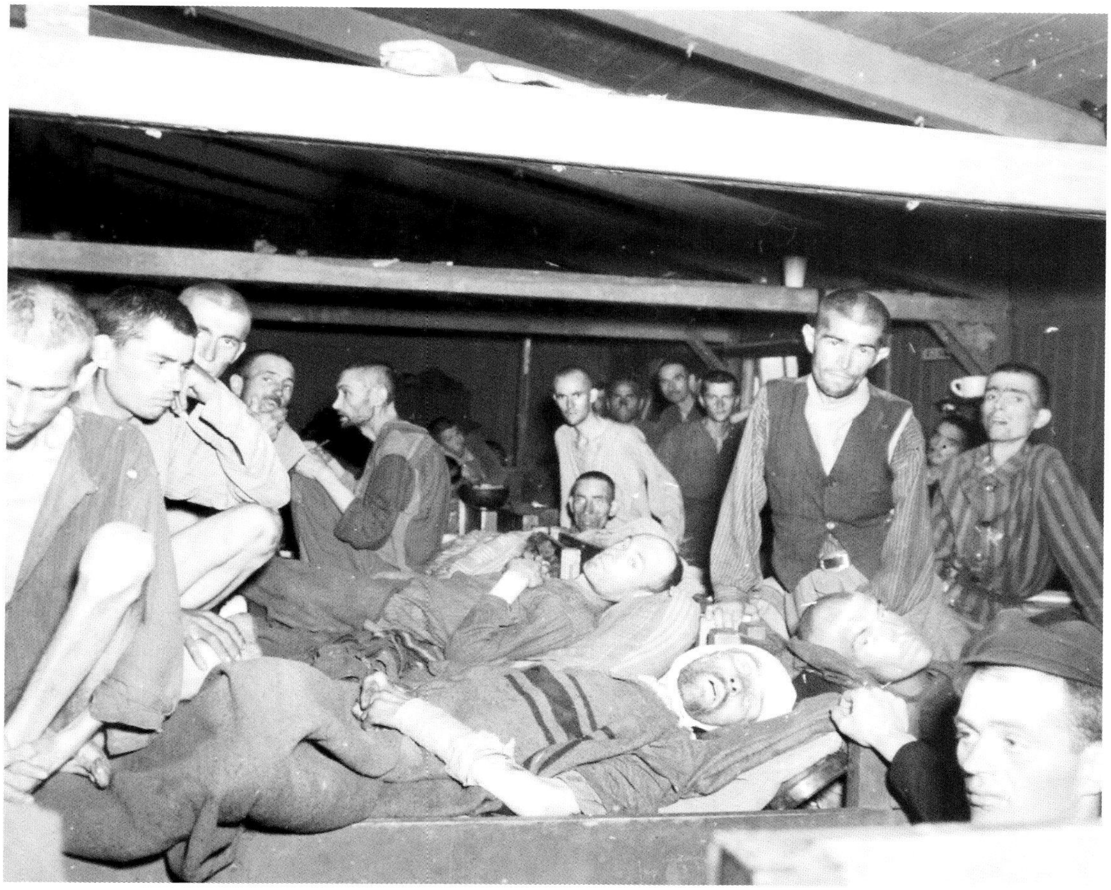

Befreite KZ-Insassen in einer verdreckten und überfüllten Krankenabteilung am 7. Mai 1945 bei **Linz**.
Bild: Unterleutnant N. Janowiak

Liberated concentration camp inmates in a filthy and crowded infirmary near Linz on May 7, 1945.
Photo by 2nd Lieutenant N. Janowiak

R. Nawitz (Mitte) aus Fairfield in Connecticut vom Stab des Judge Advocate General der 3. Armee am 12. Mai 1945 beim Prüfen von Büchern, um Insassen zu finden, die ermordet wurden.

May 12, 1945: Technician 5 R. Nawitz (center) of Fairfield, CT, of the Judge Advocate General's office in the Third Army, checking records of exerminated inmates.

Noch nicht beerdigte Leichen von Insassen am 12. Mai 1945 im KZ **Gusen**

May 12, 1945: Unburied corpses of inmates found at the Gusen Concentration Camp

Körper von ermordeten Insassen liegen am 7. Mai 1945 aufgestapelt im KZ **Mauthausen**. Bild: Pantaleone

May 7, 1945: Stacked bodies of executed prisoners in the Mauthausen Concentration Camp. Photo by Pantaleone

Pioniere heben am 12. Mai 1945 in **Gusen** mit ihren Planierraupen Massengräber aus. Drei Gräben, je 200 Fuß lang und sechs Fuß tief, werden gezogen.

Army engineer bulldozers excavating trenches for mass burials at Gusen, Austria, on May 12, 1945. Three mass graves, each 200 feet long and six feet deep are created.

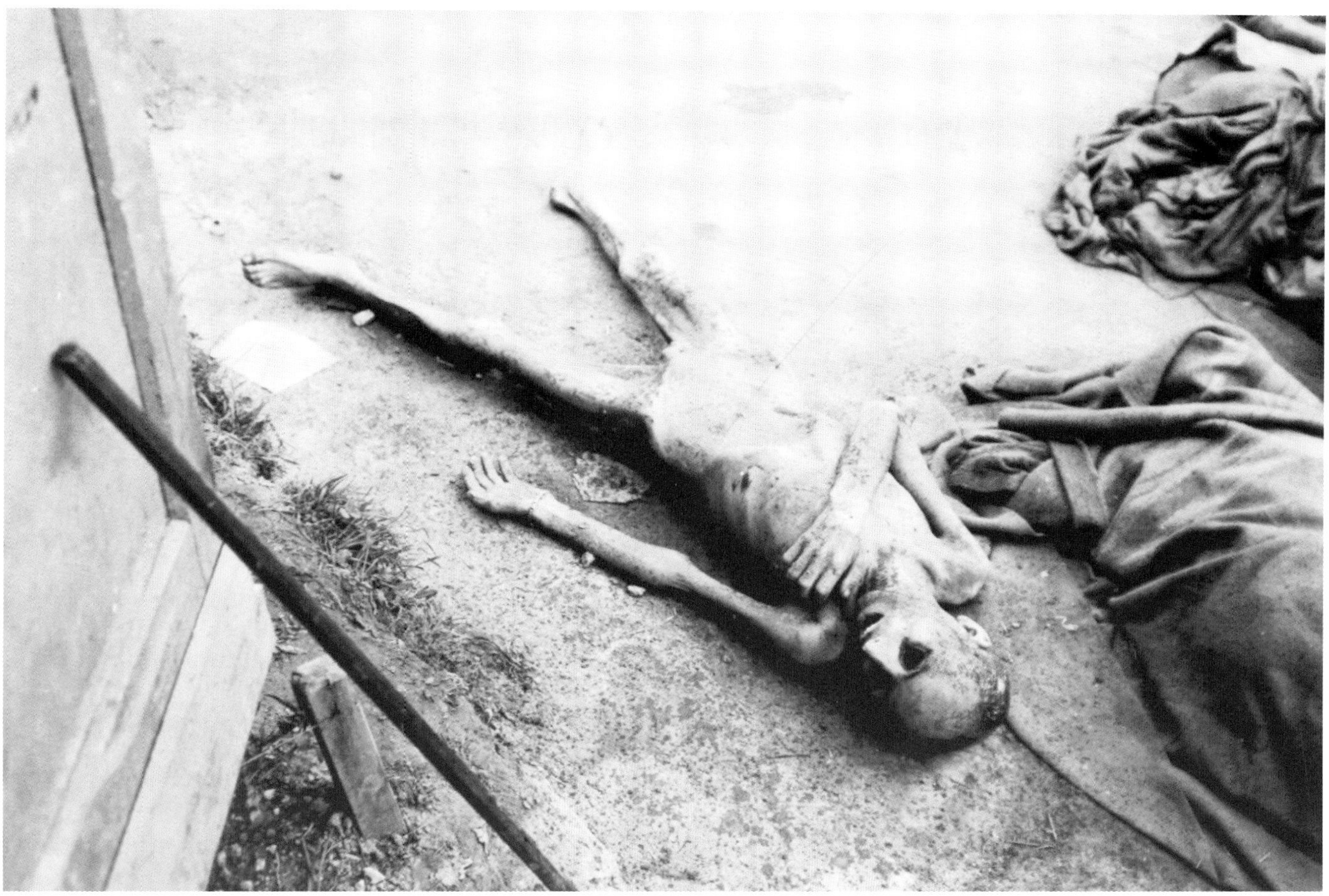

Toter im KZ **Gusen** am 12. Mai 1945

Deceased Gusen Concentration Camp victim on May 12, 1945.

Linz, am 7. Mai 1945: Ehemalige KZ-Insassen exhumieren die Leiche eines Kameraden aus einem Bombenkrater. Bild: Unterleutnant N. Janowiak

Linz on May 7, 1945: At the bottom of a bomb crater, former concentration camp inmates uncover the body of a comrade. Photo by 2nd Lieutenant N. Janowiak

7. Mai 1945: *SS*-Männer, die von sowjetischen Zwangsarbeitern aus Rache für fünf Jahre brutaler Behandlung bei **Linz** umgebracht wurden. Bild: Edward Belfer

May 7, 1945, near Linz, Austria: *SS* men killed by Soviet slave laborers in revenge for five years of brutal treatment. Photo by Edward Belfer

Edt am 7. Mai 1945: Nachdem die 71. Infanterie-Division das KZ **Gunskirchen** befreit hat, sind Tote zu beerdigen.

Edt, Austria on May 7, 1945: Unburied atrocity victims found at the Gunskirchen Concentration Camp in Austria, after its liberation by the 71st Infantry Division.

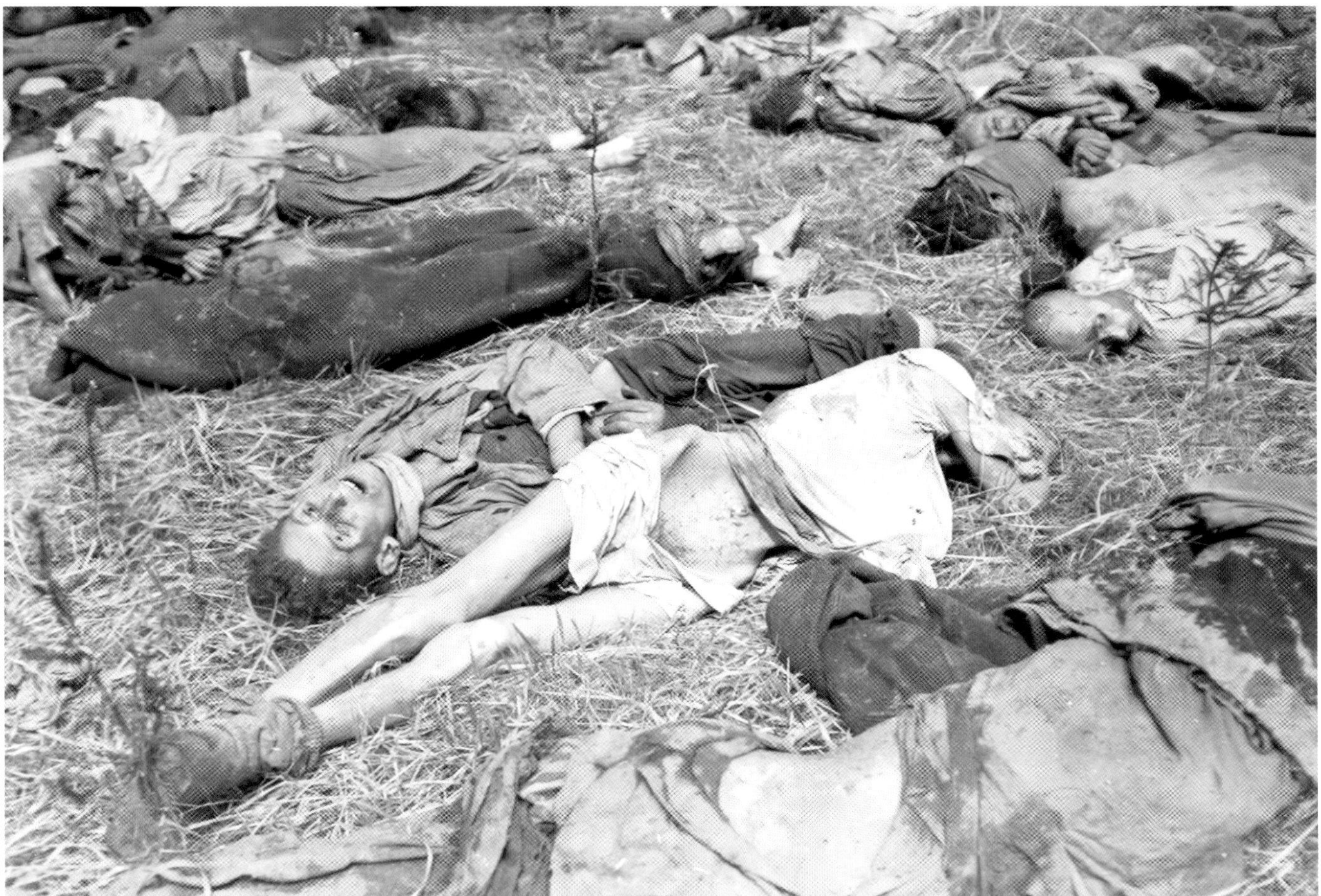

Am 7. Mai 1945 warten Opfer von Gräueltaten in **Edt** auf eine Beerdigung, nachdem die 71. Infanterie-Division das KZ befreit hat. Es hatte etwa 16.000 Insassen. Bilder: Feldwebel Robert Holliway

May 7, 1945, in Edt**,** Austria: Victims of atrocities awaiting burial after the 71st Infantry Division has liberated the concentration camp. It held approximately 16,000 inmates. Photos by Sergeant Robert Holliway

Edt, am 6. Mai 1945: Auf Anordnung der Amerikaner haben Kriegsgefangene die Leichen aus dem KZ für eine ordentliche Wiederbestattung entfernt. Bild: Oberfeldwebel Albert Mozell

Corpses of victims of atrocities that were removed from the concentration camp at Edt, Austria, May 6, 1945. They are prepared for proper burial by Axis soldiers under orders of the US Army. Photo by Staff Sergeant Albert Mozell

Frauen und Kinder, die von der 71. Infanterie-Division aus dem KZ in **Edt** befreit wurden, am 7. Mai 1945. Bild: Feldwebel Robert Holliway

Women and children the 71st Infantry Division liberated from the Concentration Camp in Edt, Austria, on May 7, 1945. Photo by Sergeant Robert Holliway

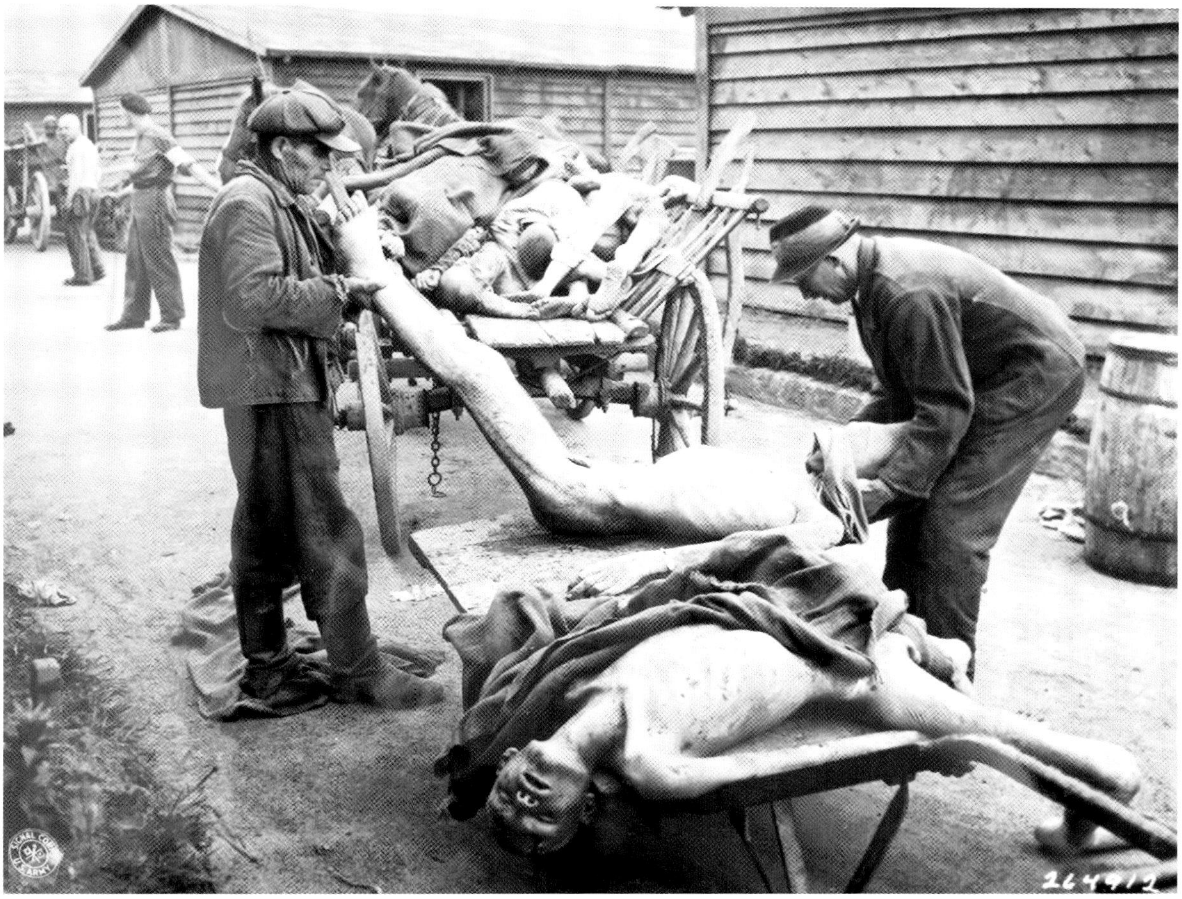

Österreichische Zivilisten laden am 12. Mai 1945 die Leichen verhungerter Insassen des KZs **Gusen** auf einen Karren, um sie beizusetzen.

Austrian civilians loading corpses of starved victims for transport to a grave site in Guse Concentration camp, Austria, on May 12, 1945.

DP-Waise, dessen Vater an Mißhandlungen in **Mauthausen** verstarb, steht an dessen Grab.

DP-orphan whose father died from mistreatment in Mauthausen, Austria, poses by his father's grave.

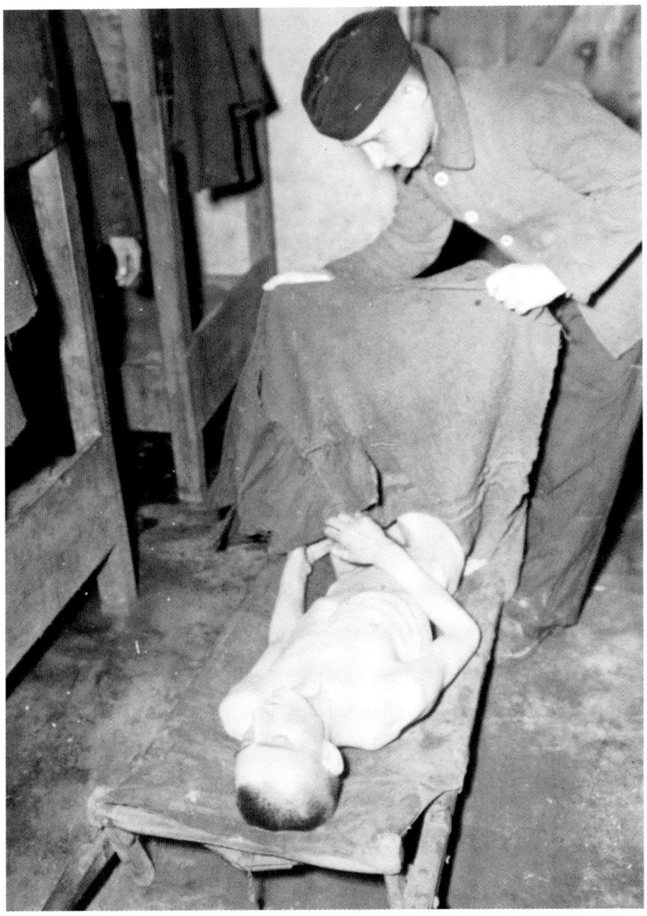

Am 7. Mai 1945 in **Falkenau an der Eger:** Ein sowjetischer Kriegsgefangener deckt einen ausgemergelten Kameraden zu, der an Tuberkulose gestorben ist. Über 2.500 Sowjets aus diesem KZ-Außenlager von Flossenbürg sind in den vergangenen zwei Jahren umgekommen. Bild: Obergefreiter Ernest M. Chapman

On May 7, 1945, Falknov nad Ohri, Czechoslovakia: A Soviet prisoner of war covering the body of an emaciated comrade who died of tuberculosis. More than 2,500 Soviets in this sub-camp of Flossenbürg perished in the previous two years. Photo by Private First Class Ernest M. Chapman

Am 11. Mai 1945 in **Wallern:** Unter Anweisung des 5. Medizinischen Bataillons der 5. Infanterie-Division müssen einheimische Zivilisten an exhumierten Leichen von 30 jüdischen Frauen vorbeigehen, die bei einem Todesmarsch verhungert sind, bzw. umgebracht wurden. Bild: Obergefreiter U. F. Musae

May 11, 1945 in Volary, Czechoslovakia: Under direction of the 5th Medical Battalion, 5th Infantry Division, local civilians are forced to walk past exhumed corpses of 30 Jewish women who were starved to death or killed in a forced march. Photo by Private First Class U. F. Musae

19. Mai 1945: Die Toten von **Nammering** werden beigesetzt. Bild: Unteroffizier Edward Belfer

May 19, 1945: Burying the dead of Nammering. Photo by Corporal Edward Belfer

Zivilisten schauen sich am 19. Juni 1945 in einem **Linzer** Schaufenster Bilder von Opfern in den umliegenden KZs an. Bild: De Vries

At Linz, Austria, on June, 19, 1945, civilians look at display of atrocity victim photographs that were taken in nearby concentration camps. Photo by De Vries

Drei Marmortafeln an der Außenwand der KZ-Gedenkstätte **Mauthausen** rufen die Dienste der 11. Panzerdivision, der 26. und 65. Infanterie-Division und des 131. Feldlazaretts in Erinnerung.

Three marble tablets on the outer wall of the Mauthausen Concentration Camp Memorial Site commemorate the service of the 11th Armored Division, the 65th and 26th Infantry Divisions and the 131st Evacuation Hospital.

Gefangene isolieren

Isolating Prisoners

Eine der größten Aufgaben des XII. Korps im Sommer 1945 war die Unterbringung der Kriegsgefangenen in winterfesten Quartieren. Unter Aufsicht der 1137. Pioniergruppe wurde dieses Lager südwestlich von **Regensburg** gebaut.

One of the biggest jobs undertaken by the XII Corps during the summer of 1945 was to get prisoners of war into appropriate winter quarters. Under supervision of the 1137th Engineer Combat Group, this camp was built southeast of Regensburg.

Amerikanische Soldaten und Hitlerjugend am 15. April 1945 beim Verbrennen von Uniformen. Soldaten der 11. Panzerdivision fingen die höchstens 15jährigen bei **Kulmbach.**

Gis and Hitler Youth burning uniforms on April 15, 1945. 15 years and younger, they were captured by the 11th Armored Division near Kulmbach.

Deutsche Wehrmachtshelferinnen beim Verlassen ihrer Schule. Entdeckt von der 26. Infanterie-Division beim Einmarsch in **Heinersreuth,** werden sie am 16. April 1945 hinter die Front transportiert.
Bild: W.J. Rothenberger

German Wehrmachtshelferinnen (equivalent of WACs) leaving thier school. Found by the 26th Infantry Division upon entering Heinersreuth, they are transported to the rear on April 16, 1945.
Photo by Technician 4 W. J. Rothenberger

Kriegsgefangene der 26. Infanterie-Division in **Schwarzenfeld** am 27. April 1945: Der Kriegsgerichtsrat Dr. Dreyer und seine Hilfskraft, ein Major.

Dr. Dreyer, the equivalent of the US Judge Advocate General, and his aide, a major, are prisoners of war of the 26th Infantry Division in Schwarzenfeld, on April 27, 1945.

29. April 1945: Soldaten im Alter von 13 bis 16. Die Hitlerjungen aus der Berliner Umgebung gerieten nördlich von **Moosburg** in Gefangenschaft. Bild: Billy A. Newhouse

April 29, 1945: Enemy soldiers ranging from 13 to 16 years. Hitler youth from the Berlin area were captured north of Moosburg. Photo by Technician 5 Billy A. Newhouse

Am 29. April 1945 macht die 14. Panzerdivision über 3000 Gefangene. Deutsche Offiziere tragen beim Abmarsch in **Moosburg** ihre eigene Ausrüstung. Bild: Techniker Billy A. Newhouse

On April 29, 1945, the 14th Armored Division captures more than 3,000 soldiers. German officers carry their own equipment as they march out of Moosburg. Photo by Technician 5 Billy A. Newhouse

Truppen überqueren die Brücke in **Enns** in sehr großen Gruppen. Hier ergeben sich deutsche Kriegsgefangene in Enns.

German prisoners of war surrender in Enns, Austria.

Auf dem Weg nach Bayern passiert die LKW-Kolonne mit Kriegsgefangenen am 10. Mai 1945 **Gmunden**. Die 80. Infanterie-Division nahm zwischen 400.000 und 500.000 Soldaten gefangen, von denen sich die meisten in die Alpen zurückgezogen hatten. Bild: J. M. Heslop

On May 10, 1945, a truck convoy carrying captured Axis soldiers leaves Gmunden, Austria, on its way to Bavaria. The 80th Infantry Division has captured between 400,000 and 500,000 men, most of whom retreated into the Alps. Photo by Technician 5 J M. Heslop

Hans Goebbels, den Amerikaner als Generalmajor der *SA* einstufen, am 26. April 1945 unter Aufsicht des Gefreiten William Keene aus New Haven in Connecticut von der Militärpolizei der 94. Infanterie-Division (Mitte) und Oberleutnant John Santillo aus Auburn in New York vom CIC bei **Düsseldorf**.

Hans Goebbels, a suspected Major General of the paramilitary storm troopers, in custody of Military Police Private William Keene of New Haven, CT, (center) of the 94th Infantry Division and 1st Lieutenant John Santillo of Auburn, NY, from the CIC near Düsseldorf on April 26, 1945.

Hauptmann Edward Levy aus Denver in Colorado von der 94. Infanterie-Division verhört am 26. April 1945 Hans Goebbels, den Bruder des Reichspropagandaministers.

Hans Goebbels, brother of the *Reichsminister* for propaganda, interrogated by Captain Edward Levy of Denver, CO, from the 94th Infantry Division on April 26, 1945.

Major Carmel White, ein Sanitäts-Offizier der 16. Panzerdivision, bietet dem *Gestapo*-Chef, der bei einem Fluchtversuch in **Pilsen** am 6. Mai 1945 verwundet wude, erste Hilfe.

Medical officer Major Carmel White of the 16th Armored Division provides first aid to the Gestapo chief who was wounded while trying to escape on May 6, 1945, in Plzen, Czechoslovakia.

Die Ärztin Dr. Erika Flocken von der Organisation *Todt* wird wegen ihrer Rolle bei Selektionen im KZ Mühldorf ursprünglich zum Tode verurteilt. 1957 wird sie jedoch aus dem Gefängnis entlasen werden.

For her role during selections at the Mühldorf Concentration Camp, the *Todt Organization's* physican Dr. Erika Flocken initially receives the death penalty. In 1957, however, she was released from prison.

Gefangen am 7. Mai 1945 in **Passau:** Soldaten der Wehrmacht identifizieren zehn *SS*-Männer als Beteiligte am Massaker von US-Soldaten in Malmédy, Belgien. Ihnen wird auch Mord an vielen Zwangsarbeitern in der Umgebung vorgeworfen. Bild: Gefreiter E. Belfer

Captured in Passau on May 7, 1945: Wehrmacht soldiers identify ten *SS* troopers who participated in the slaughter of US soldiers in Malmédy, Belgium. They are also accused of killing many slave laborers in the area. Photo by Private E. Belfer

Ein gefangener Wehrmachtsangehöriger in **Passau** identifiziert am 7. Mai 1945 einen von zehn *SS*-Leuten, die am Massaker in Malmédy beteiligt waren.

On May 7, 1945, a captured Wehrmacht soldier in Passau identifies one of ten *SS* troopers as a participant in the Malmédy slaughter.

Ein Nationalsozialist fleht am 2. Mai 1945 am Tatort in **Hals** um Gnade.

National Socialist brought to a site of atrocity, pleading with his captor in Hals on May 2, 1945.

Auf der Suche nach Kriegsverbrechern verhaftet der CIC auch Ausländer. Eine weitere Überraschung liefert die Verhaftung von Erzbischof Palladius aus Krakau. Der orthodoxe Osteuropäer wohnt in der feudalen Privatwohnung von Dr. Franz Xaver Eggersdorfer am **Passauer** Domplatz. Was Zollner's Aufmerksamkeit auf sich zieht, ist ein persönliches Schreiben von Adolf Hitler, in dem steht, dass diesem Mann volle Unterstützung zu gewähren sei.

CIC (Counter Intelligence Corps) agents on the lookout für war criminals also arrest foreigners. A surprise presents the arrest of Archbishop Palladius from Cracow. The orthodox Eastern European lives on Passau's Cathedral Square, in the lavish private apartment of Dr. Franz Xaver Eggersdorfer. What catches Zollner's eye is a personal letter by Adolf Hitler, stating that all support must be granted to this man.

Unter den DPs, die zusätzliche Lebensmittel fordern, weil sie angeblich „Opfer der Nazis" sind, ist auch Herr Salima, der Vorstand des ukrainischen Komitees in **Passau.** Aufmerksam geworden durch sein fehlerfreies Deutsch, entdeckt der Agent trotz heftiger Proteste schnell zwei Fotos im Geldbeutel des Verdächtigen. Eine kurze Beschreibung wiest ihn aus als „Major mit Kommando über die deutsche Wehrmachtsabteilung, die zurückgelassen wurde, um den Dnjepr-Damm zu zerstören."

Among the displaced persons demanding increased food portions because allegedly they are "Nazi victims" is Mr. Salima, head of the Ukrainian Commitee in Passau. Alerted by his flawless German, and undeterred by vehement protests, the agent quickly discovers two photos in the suspect's wallet. A short description lists him as "Major in charge of the German Army Detachment left behind to destroy the Dnieper Dam".

Ein Zeitungsausschnitt von 1943 beschrieb, dass „der berühmte Dnjepr Damm, eines der stolzesten Meisterwerke des neuen Russlands, fünf Meilen von Zaporhe von den Nazis gesprengt wurde ... und ... von amerikanischen Ingenieuren zu einem Preis von elf Millionen Dollar errichtet worden war." Der Damm war eines von Stalin's Fünf-Jahresplan-Projekten und Teil mehrerer Dämme, um den Dnjepr unter Kontrolle zu bringen. Seine Wiederherstellung wird mit einer Briefmarke gefeiert.

A news clipping of 1943 described "the famous Dnieper Dam, one of the proudest feasts of the New Russia, five miles outside of Zaporhe, was dynamited by the Nazis ... and ... reconstructed by American engineers at a cost of $ 11,000,000." The dam was one of Stalin's big five-year-plan projects, and part of several dams built on the Dnieper river to control it. A postage stamp celebrates its restoration.

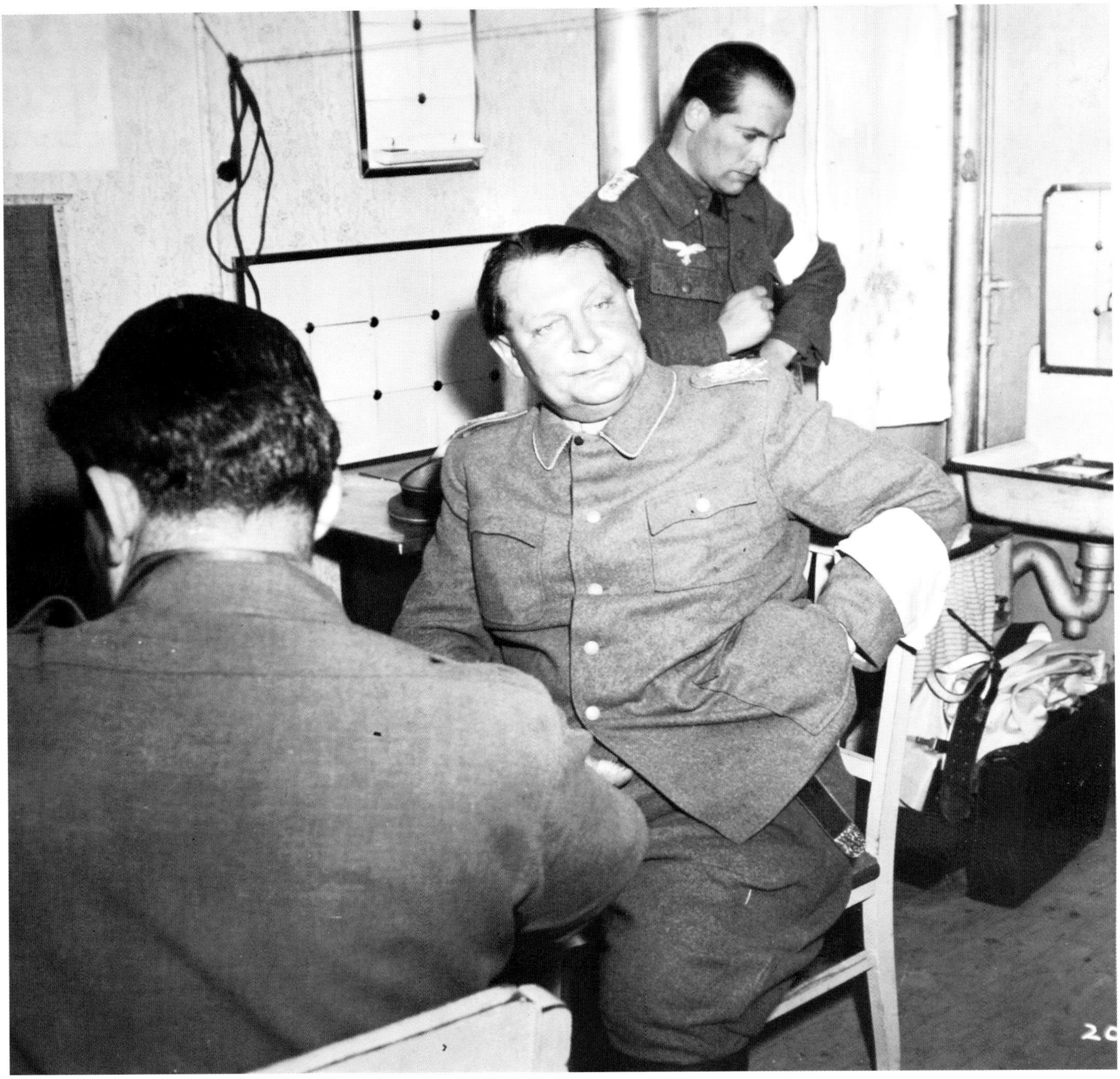

Am 9. Mai 1945 ist Reichsmarschall Hermann Wilhelm Göring (1893–1946) dabei, in einem **Augsburger** Lager das Messer zu entfernen, das er an seiner Seite trägt. Hinter ihm steht seine Hilfskraft, Oberst Berndt von Brauchitsch, Sohn vom Feldmarschall Walther von Brauchitsch.

While talking to an intelligence officer on May 9, 1945, at a detention camp in Augsburg: Reich Marshal Hermann Wilhelm Göring (1893–1946) prepares to take off the knife carried on his side. Colonel Berndt von Brauchitsch, his aide and son of Field Marshal Walther von Brauchitsch, stands behind him.

Kriegsgefangene warten am 10. Mai 1945 in **Eger** auf ein Verhör durch die 1. Infanterie-Division. Bild: Jack Kitzerow

Axis soldiers awaiting interrogation by the 1st Infantry Division in Cheb, Czechoslovakia, on May 10, 1945. Photo by Technician 3 Jack Kitzerow

Kriegsgefangene warten am 10. Mai 1945 bei einem eroberten Flugzeug in **Eger** auf ein Verhör durch die 1. Infanterie-Division. Bild: Jack Kitzerow

Axis soldiers near a captured aircraft awaiting interrogation by the 1st Infantry Division in Cheb, Czechoslovakia, on May 11, 1945. Photo by Techician 3 Jack Kitzerow

Deutsche Soldaten und Fahrzeuge am 11. Mai 1945 in einem notdürftigen Kriegsgefangenenlager der 1. Infanterie-Division bei **Eger.** Bild: Jack Kitzerow

German troops and vehicles on May 11, 1945, at a makeshift prisoner of war camp established by the 1st Infantry Division near Cheb, Czechoslovakia. Photo by Technician 3 Jack Kitzerow

Deutsche Soldaten ergeben sich am 10. Mai 1945 am Flughafen von **Eger.**

German soldiers surrender at the Cheb airport in Czechoslovakia on May 10, 1945.

Am 23. Mai 1945 verhaftet der jüdische Major Henry Plitt Julius Streicher in einem kleinen Bauernhaus, trotz irreführendem Bart und der Behauptung, er sei ein Künstler, der von Politikern keine Ahnung habe. Oberstleutnant Paul Danahy interviewt den gefangen genommenen Herausgeber der krass antisemitischen Zeitschrift *Der Stürmer*.

On May 23, 1945, Jewish Major Henry Plitt arrests Julius Streicher. Trapped in a small farmhouse, with a beard disguise, Streicher pretended to be an artist. Lieutenant Colonel Paul Danahy interviews the captured editor of the notoriously anti-Semitic newspaper *Der Stürmer*.

15. Mai 1945 in **Bozen:** Heinrich Himmlers Ehefrau, Margaret Boden, und ihre Tochter Gudrun sind in Gewahrsam. Bild: Rusbar

May 15, 1945, in Bolzano, Italy: Heinrich Himmler's wife Margaret Boden and their daughter Gudrun are in custody. Photo by Rusbar

Treffen mit dem bayerischen Feldmarschall Albert Kesselring (1885–1960) am 2. Mai 1945 in **Berchtesgaden.** Von links nach rechts: Generalmajor Maxwell Taylor von der 101. Luftlande-Division, Kesselring und Stab, Leutnant Frank, ein Übersetzer, und General Jacob Loucks Devers (1887-1979), Kommandeur der 6. Heeresgruppe.

Bavarian Field Marshal Albert Kesselring (1885–1960), known as "Smiling Albert", on May 2, 1945, in Berchtesgaden; from left to right: Major General Maxwell Taylor of the 101st Airborne Division, Kesselring and aides, Lieutenant Frank, an interpreter, and General Jacob Loucks Devers (1887-1979), commander of the 6th Army Group.

Bewacht von Feldwebel Howard A. Larson aus St. Paul in Minnesota am 25. Mai 1945: Generalfeldmarschall Ferdinand Schörner, Kommandeur aller deutschen Streitkräfte in der Tschechoslowakei, in einem Jeep, den Unteroffizier Kenneth Thompson aus Marshalltown in Iowa fährt.

Field Marshal Ferdinand Schörner, commander of all German Armies in Czechoslovakia, being guarded by Sergeant Howard A. Larson from St. Paul, MN, in a jeep driven by Corporal Kenneth Thompson from Marshalltown, IA, on May 25, 1945.

Verhör von Kriegsgefangenen zur Entlassung am 13. Mai 1945 in **Konstantinbad.**

Interrogation and processing of prisoners of war for discharge in Konstantinovy Lázne, Czechoslovakia, on May 13, 1945.

Unter Aufsicht des 5. Panzerbataillons der 16. Panzerdivision werden Kriegsgefangene zum Entlassen ans Stift **Tepl** im westlichen Böhmen gebracht. Je nach der Region, wo sie in Deutschland leben, werden sie am 19. Juni 1945 für Transporte aufgeteilt. Bild: Crabtree

Prisoners of war at Teplá in the western part of Bohemia, being processed for discharge under supervision of the 5th Tank Battalion, 16th Armored Division, on June 19, 1945. For repatriation, they are being segregated according to the section of Germany where they had lived. Photo by Crabtree

Entsprechend der Konferenz von Yalta müssen alle abtrünnigen Sowjetsoldaten an die Sowjetunion ausgeliefert werden.

According to the *Yalta Conference*, defected Soviet soldiers have to be extradited to the Soviet Union.

Decken und ein dicker Mantel sind erlaubt.

Blankets and a heavy overcoat are permitted.

Persönliches Gepäck wird auf alles untersucht, was dem Abzuschiebenden bei einem Selbstmord helfen könnte.

Personal belongings are searched for items that might assist a suicidal deportee

Am 23. Februar 1946 werden 2.000 russische Gefangene laut General Andrej Wlassows Truppen im Lager **Natternberg bei Deggendorf** zu einer erzwungenen Repatriierung bzw. Umsiedlung zusammengetrieben. Hunderte unternehmen einen Selbstmordversuch. Drei Bataillone und sechs Panzer stellen sicher, dass sie am Bahnhof in Plattling die Züge besteigen.

On February 23, 1946, 2,000 of General Andrej Vlasov's troops are herded together at the Natternberg Internment Camp for a forced repatriation or relocation. Hundreds try to kill themselves. Three battalions and six tanks ensure they board at the Plattling train station.

Sowjetische Kriegsgefangene, die gegen die Rote Armee gekämpft haben, werden 1946 ausgeliefert.

Soviet prisoners of war who had fought against the Red Army being repatriated in 1946.

Überwältigende Besatzungsaufgaben

Occupation's Overwhelming Task

Anfang Juni kommen französische DPs aus dem sowjetischen Gebiet. Sie versuchen, wie andere auch, in ihr Heimatland zu kommen. Robert Patton erinnert sich: „Es hat wochenlang ausgesehen wie ein totaler Wust von Menschenhaufen. Wie in aller Welt wir all diese Leute ernähren sollten, war uns ein Rätsel." Als Militärgouverneur muss Generalmajor Reinhart diese Massen entwirren und ihnen helfen zu überleben. Um dies zu ermöglichen, werden auch Zivilisten in der Umgebung in die Pflicht genommen.

In early June, French DPs come from Soviet territory, Austria. Like others, they try to return to their native countries. Robert Patton recalls: "For weeks, it looked like a total mess of disorganized humanity. We had no training, whatsoever, in this type of evacuation. How in the world all these people could be fed was a mystery." As military governor, Major General Reinhart has to sort out the masses, and to help them survive. To make that happen, civilians in the area have to contribute their share.

Bombengeschädigtes Gebäude in der Nähe der amerikanischen Kommandozentrale in **Regensburg.**

Bomb-damged building near the US Command Post in Regensburg.

Am 27. April 1945 durchsuchen **Regensburger** am Bahnhof bombengeschädigte Waggons auf Nahrung und Kleidung. Bild: Feldwebel Bruce Hawkins

In search of food and clothing, local civilians searching the remnants of cars in bombed freight yards at Regensburg in April 27, 1945. Photo by Sergant Bruce Hawkins.

Einige Soldaten aus Hanson's Team von links nach rechts: Elwood Kimick, Ulysses Stone, John Bosco und Clarence Rethorst. Am LKW-Reifen lehnt ein M1-Karabiner, ein kleines und leicht zu transportierendes Gewehr.

Members of Hanson's team from left to right: Corporal Elwood Kimick, Private Ulysses Stone, Private John Bosco, and Private Clarence Rethorst. The rifle leaning against the truck tire is an M1 Carbine, a smal and easy to carry weapon.

Maynard Hanson von der 565. Nachrichten-Kompanie mit einem M-1 Garand-Gewehr auf der Motorhaube des ¾ Tonnen schweren Waffentransporters in **Linz,** eine Woche nachdem die Gefechte endeten. Bei seiner Ankunft in Linz war sein Team unter Artilleriebeschuß geraten. Ein Splitter von einem deutschen 8.8 cm-Artilleriegeschoß schlug ein Loch in die Frontscheibe.

Maynard Hanson from the 565th Signal Company with an M-1 Garand rifle on the hood of a 3/3 ton weapons carrier, a week after combat ended. As his wire team had entered Linz, Austria, it met an artillery barrage. A piece of shrapnel from a German 88 mm artillery shell has blown a hole in the front window.

Von links nach rechts: Oberfeldwebel Richard Childs, der Leiter des Telefonleitungs-Teams, und die Gefreiten John Bosco, Fish und Yosh.

From left to right: Staff Sergant Richard Childs, the non-commissioned officer in charge of the wire team, Private John Bosco, Private Fish and Private Yosh.

Oberst John H. Claybrook von der Aufklärungseinheit des XII. Korps bespricht die Situation in **Schüttenhofen** am 15. Mai 1945 mit einem geschlagenen deutschen Anführer.

Colonel John H. Claybrook from the XII Corps intelligence section confers with a beaten German leader in Susice, Czechoslovakia, on May 15, 1945.

Kriegsgefangene verladen eine nicht explodierte 2 ½-Tonnen-Bombe zum Transport in eine Entsprogungsanlage bei **Lambach.**

Prisoners of war loading a captured unexploded 2 ½ ton aerial bomb for transport to a disposal area in Lambach, Austria.

Luftaufnahme des Tabunvorrats bei **Schierling** am 17. Mai 1945.

Aerial view of Tabun poison gas storage bunkers at Schierling on May 17, 1945.

17.000 257-mm-Artillerie-Granaten im Giftgas-Depot bei **Schierling,** das bei einer Explosion am 7. Mai 1945 teils zerstört wurde, werden nach Bremen geschickt.

17,000 10 ½ inch Artillery shells from the poison gas depot at Schierling, partially destroyed by explosion and fire an May 7, 1945, are awaiting shipment to Bremen.

Tabun fließt am 17. Mai 1945 aus einer der 38.000 Bomben bei **Schierling.** Ein Tropfen auf der Haut oder eingeatmet ist tödlich.

Tabun flowing from one of 38,000 bombs at Schierling on May 17, 1945. One drop on skin or if inhaled is lethal.

Eine 250 kg schwere Bombe, die im chemischen Waffendepot bei **Schierling** mit einem Gewehr gelöchert wurde, spritzt am 16. Mai 1945 Phosgen-Gas.

A 250 kg aerial bomb releases phosgene gas, after being punctured by rifle fire at the chemical weapons depot at Schierling on May 16, 1945.

Der Obergefreite Thomas J. Rochell aus West Point in Tennessee inspiziert am 17. Mai 1945 am Eingang zum Giftgaslager bei **Schierling** ein Fahrzeug, wo 120.000 giftige Bomben und 100.000 giftige Artillerie-Granaten entsorgt werden müssen.

Private First Class Thomas J. Rochell of West Point, TN, checking a vehicle at the entrance to a poison gas storage area at Schierling on May 17, 1945. 120,000 toxic aerial bombs and 100,000 toxic artillery shells are awaiting destruction.

Nach 12 Jahren Haft trägt der Gefangene am 12. Mai 1945 in **Waldheim** noch immer Handschellen. Der zu „lebenslänglich" Verurteilte hat sich auch die Lungenschwindsucht geholt. Bild: R. H. Wescott

Released after 12 years of a life-term, on May 12, 1945, this prisoner in Waldheim is still wearing handcuffs. He also contracted consumption. Photo by Technician 5 R. H. Wescott

Erste öffentliche US-Anordnungen für deutsche Zivilisten und Soldaten sind in **Regensburg** angeschlagen.

First US public notices being issued to German civilians and soldiers in Regensburg.

Wegweiser für amerikanische Einheiten in **Regensburg**.

Directional road sign erected to guide American units in Regensburg.

Nach dem Krieg streiten die meisten Leute anti-Semitismus heftig ab. Juden, die als amerikanische Soldaten in ihre ehemaligen Heimatländer zurückkehren, sind allerdings schwer zu täuschen. Sie erinnern sich, wonach zu suchen ist. In diesem Fall beschlagnahmt Hans Zollner, ein CIC-Agent aus Wien **Passauer** Propaganda.

After combat, anti-Semitism is vehemently denied by most. Jews returning to their former homeland as GIs, however, are hard to fool. They remember what to look for. In this case, Hans Zollner, a CIC agent from Vienna confiscates Passau propaganda: "Attention! Attention! Jewish Store. No decent German buys from a Jew anymore or permits him and his backers to offer him merchandise."

"Attention! Attorney Dr. Weißbach is a Jew."

Nationalsozialistische

Deutsche Arbeiterpartei

Ortsgruppe Passau

Festprogramm

zu der am 16. und 17. Juni 1923 stattfindenden

Fahnenweihe

Samstag, den 16. Juni:

Ab 4 Uhr Nachm. Empfang der auswärtigen Gäste und Parteimitglieder.
Um 7 30 Uhr Abend im Schmeroldkeller großer

Begrüßungsabend

unter Mitwirkung hervorragender Kunstkräfte.

Sonntag, den 17. Juni

Um 9 30 Vorm. Aufstellung im Schmeroldkeller zum Festzug.
Um 10 Uhr Vorm. Abmarsch des Festzuges durch die Straßen der Stadt zur Kirche.
Um 10 30 Vorm. Festgottesdienst in der Domkirche.
Um 11 30 Vorm. Rückmarsch durch die Stadt zum Schmeroldkeller.

Dortselbst

Festakt

Uebergabe der Fahne an die Ortsgruppe Passau, Ueberreichung der Fahnenbänder.
Ab 3 Uhr Nachm. große

Festversammlung

Festrede gehalten von □□□□ Adolf Hitler □□□□ aus München.

Hierauf Deutscher Unterhaltungsabend mit Konzert.

Die deutschgesinnte Bevölkerung Passaus und Umgebung ist zu diesen Veranstaltungen herzlichst eingeladen.

Der Festausschuß.

Ein Agent beschlagnahmt ein Plakat, auf dem das ausführliche Programm zur Weihe des Hakenkreuzfahne im Passauer Dom am 17. Juni 1923 angekündigt wurde. Aus diesem Anlaß kamen sogar Adolf Hitler und Heinrich Himmler in die Stadt zurück, in der sie als Kinder gelebt hatten.

A agent confiscates a poster announcing the extensive program for the blessing ceremony of the Swastika banner in Passau's cathedral on June 17, 1923. For that occasion, even Adolf Hitler and Heinrich Himmler returned to the city where they had lived as children.

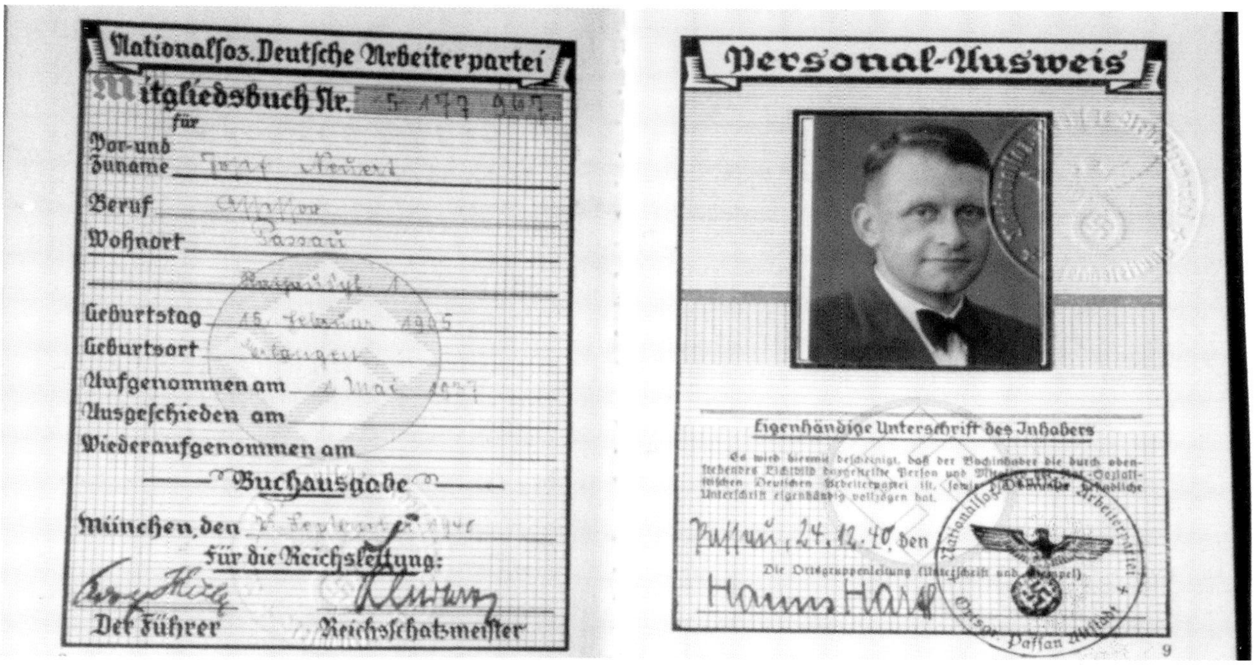
Nationalsoz. Deutsche Arbeiterpartei
Mitgliedsbuch Nr.
für
Vor- und Zuname
Beruf
Wohnort
Geburtstag
Geburtsort
Aufgenommen am
Ausgeschieden am
Wiederaufgenommen am
Buchausgabe
München, den
Für die Reichsleitung:
Der Führer
Reichsschatzmeister

Personal-Ausweis
Eigenhändige Unterschrift des Inhabers
Passau, 24.12.40. den
Die Ortsgruppenleitung (Unterschrift und Stempel)

In **Passau** gibt ein einziger Mann unvermittelt zu, ein Nationalsozialist gewesen zu sein; er fügt hinzu, dass er auch immer einer bleiben werde. Verblüfft von seiner Ehrlichkeit, lässt der CIC-Agent Hans Zollner ihn laufen. Neu in der Umgebung und an allerhand Lügen gewohnt, suchen amerikanische Soldaten nach Beweismaterial. Was ihre Aufmerksamkeit immer auf sich zieht, sind Hitlers persönliche Unterschrift und Ausweise. In diesem Fall beschlagnahmt der CIC Agent Hans Zollner die Mitgliedskarte von Josef Neuert. Der Jurist wohnt am Rathausplatz 1.

In Passau, a single man confesses right away to have been a National Socialist, adding that he would also remain one for the rest of his life. Stunned by his honesty, CIC agent Hans Zollner lets him go free. Unfamiliar with the area, and used to a wide variety of lies, American soldiers are searching for evidence. What always attracts their attention is Hitler's personal signature and IDs. In this case, CIC agent Hans Zollner confiscates the membership card of Josef Neuert, a Passau laywer who lives at City Hall.

Am 7. Mai 1945 werden Sachen, die befreite Zwangsarbeiter deutschen Eisenbahnwagen entnommen hatten, am **Passauer** Rathaus aufgehäuft. Die Militärregierung hat angeordnet, sie der 3. Armee auszuhändigen.
1985 wurde nebenan das luxuriöse Hotel „Wilder Mann" eröffnet. Bild: Gefreiter Edward Belfer

On May 7, 1945, loot taken by liberated slave laborers from German railroad cars is lined up in front of Passau's city hall. The Military Government ordered the displaced persons to turn it over to the Third Army. In 1985, the luxury Hotel "Wilder Mann" opened adjacent to this side. Photo by Private Edward Belfer

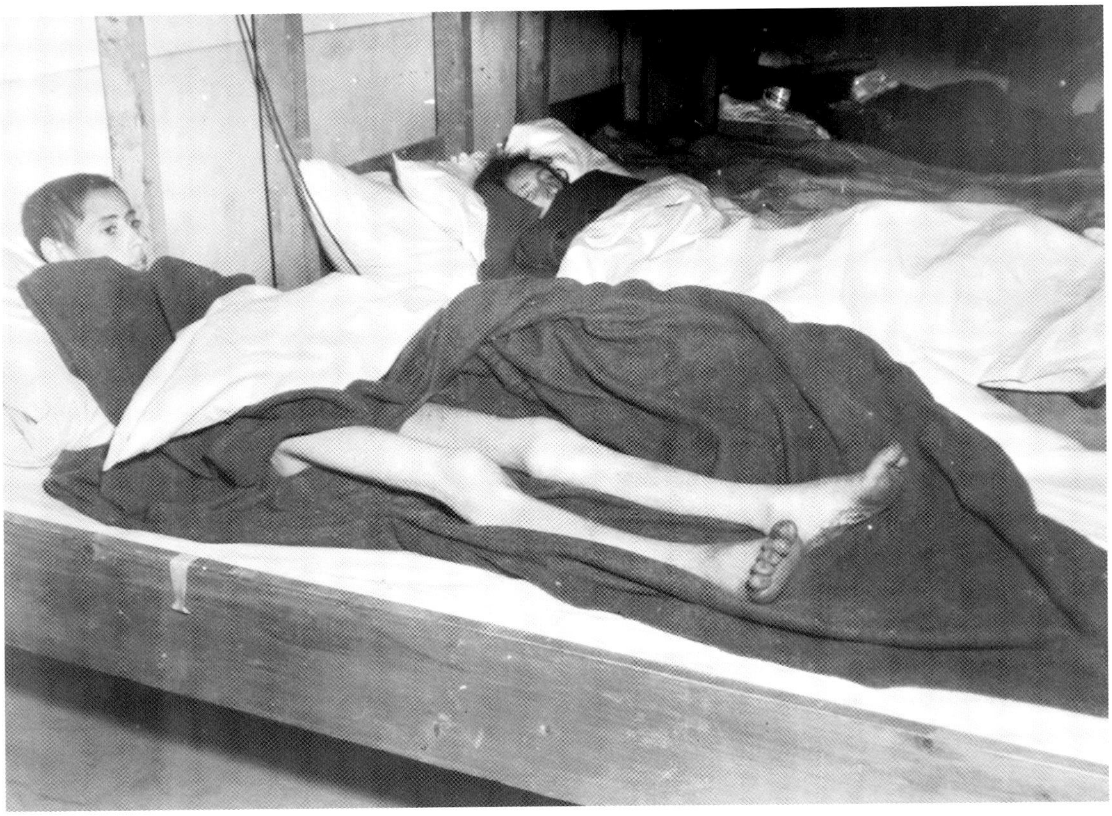

8. Mai 1945: Die Siebzehnjährige ist eine von 150, die die 5. Infanterie-Division bei der Ankunft in **Wallern** in diesem Zustand vorfand. Bild: R. J. Schneider

May 8, 1945: 17 year-old girl is one of 150 found in this condition when the 5th Infantry Division entered Volary, Czechoslovakia. Photo by Technician 5 R. J. Schneider

Major Frank Ankner aus Chicago in Illinois vom medizinischen Bataillon der 5. Infanterie-Division mißt am 8. Mai 1945 im Feldlazarett in **Wallern** den Puls einer jüdischen Überlebenden eines Todesmarsches. Bild: Obergefreiter J. P. Musae

May 8, 1945, at an American military field hospital in Volary, Czechoslovakia: Major Frank Ankner of Chicago, Illinois, from the 5th Infantry Division's Medical Battalion takes the pulse of a Jewish survivor of a death march. Photo by Private First Class J. P. Musae

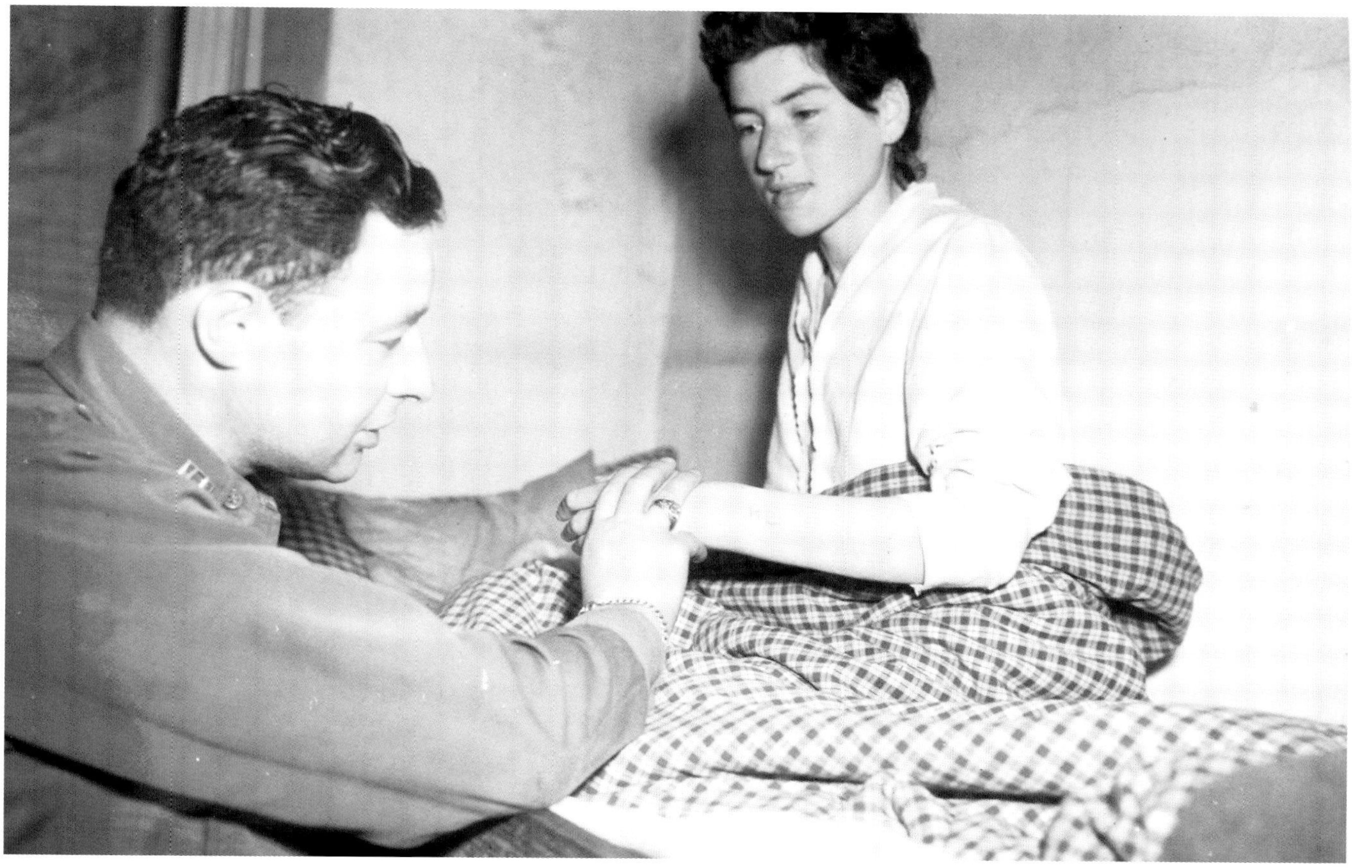

Wallern, am 8. Mai 1945: Der amerikanische Hauptmann Aaron Cohen aus Chicago in Illinois vom Medizinischen Bataillon untersucht eine der etwa 500 Polinnen, die 300 Meilen Todesmarsch mit nur gelegentlich einem Teller Suppe hinter sich haben.

Volary on May 8, 1945: American medical officer, Captain Aaron Cohen of Chicago, IL, from the Medical Battalion examining one of the approximately 500 Polish women force-marched 300 miles, with only an occasional bowl of soup to eat.

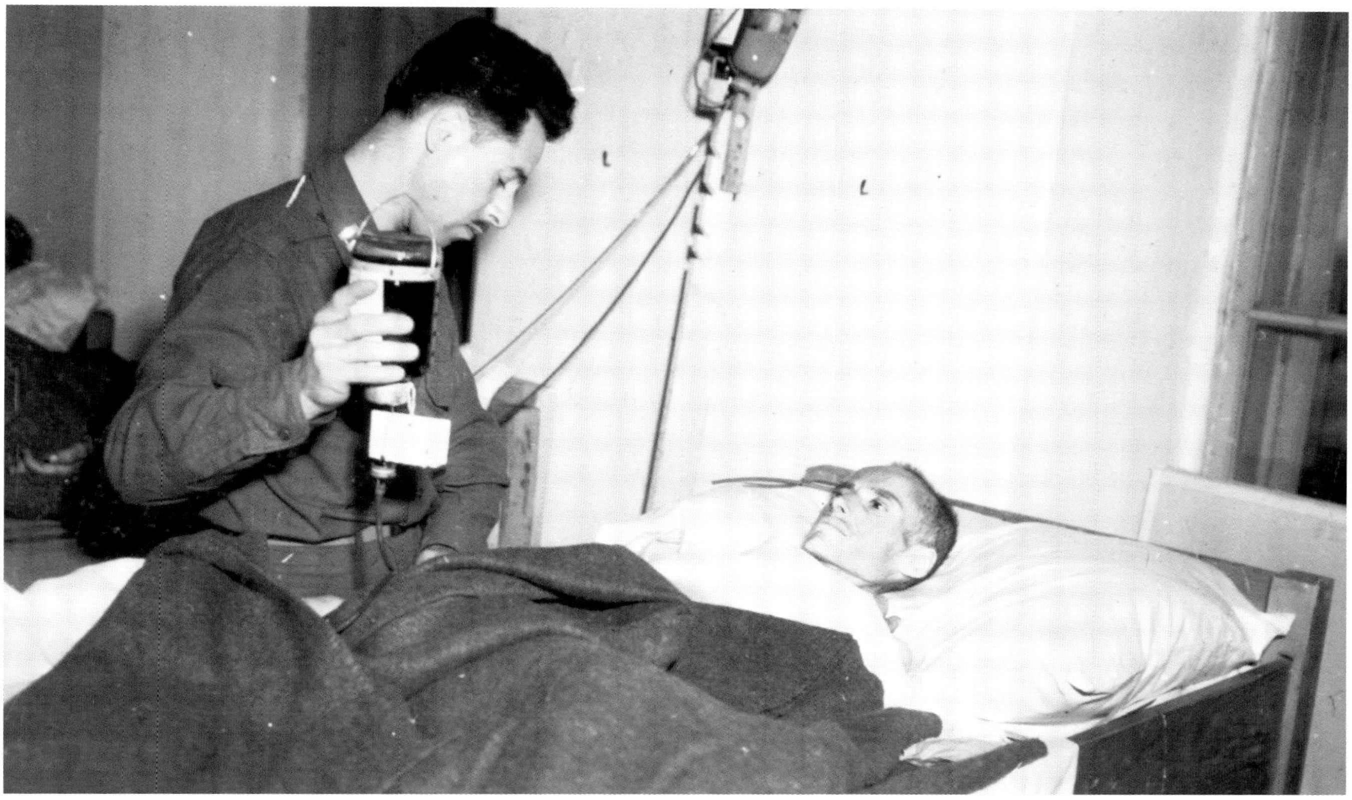

Am 8. Mai 1945 verabreicht Hauptmann Richard Berman aus Philadelphia in Pennsylvanien vom medizinischen Bataillon der 5. Infanterie-Division Roszi Frank, dem Überlebenden eines Todesmarsches, in **Wallern** eine Infusion.

Captain Richard Berman of Philadelphia, PA, with the 5th Infantry Division's medical battalion administering intravenous treatment to Roszi Frank, a death march survivor in Volary, Czechoslovakia, on May 8, 1945.

Etwa 4.000 zurückgelassene KZ-Überlebende am Flughafen bei **Neubau.** Am 9. Mai 1945 kam das 121. Feldlazarett an. Eine Woche später sinkt die Sterberate von 120 pro Tag auf 25, und Oberfeldwebel Bruce C. Hawkins fotografiert die sanitären Maßnahmen.

Approximately 4,000 abandoned concentration camp survivors at the airport near Neubau, Austria. On May 9, 1945 the 121st Evacuation Hospital arrived. One week later, the death rate drops from 120 a day to 25, and Staff Sergeant Bruce C. Hawkins photographs the sanitary care provided.

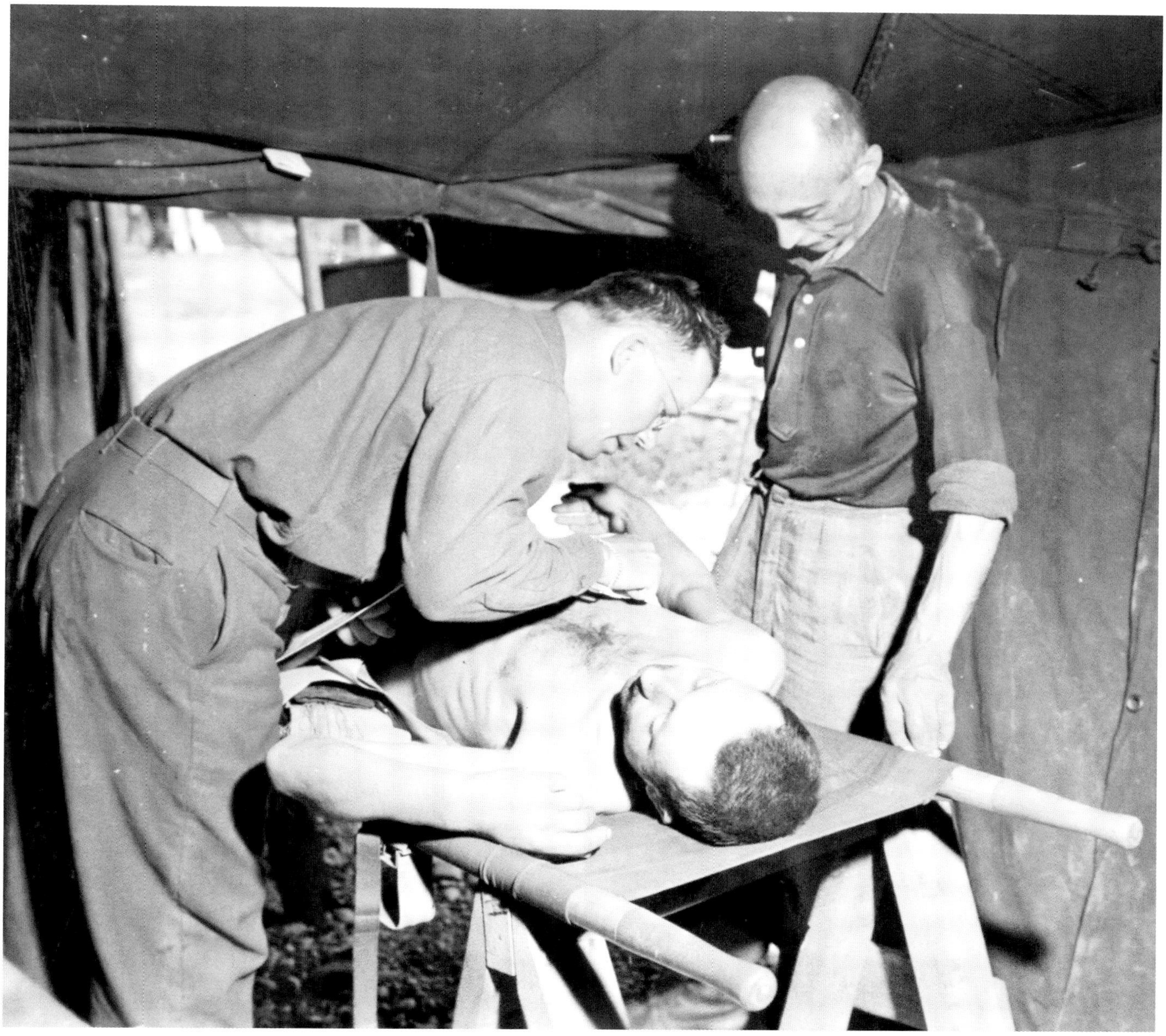

Der Arzt, Hauptmann Robert A. Baker aus Newberry in Süd-Karolina, vom 121. Feldlazarett in **Neubau** behandelt am 20. Mai 1945 einen ehemaligen KZ-Insassen. Etwa 80 Prozent der Insassen sind krank. Die amerikanische Armee hat 500 Kriegsgefangene und 70 Frauen aus umliegenden Gemeinden zwangsverpflichtet, um beim Schaffen besserer sanitärer Bedingungen mitzuhelfen. Bild: Oberfeldwebel Bruno C. Hawkins

Medical doctor Captain Robert A. Baker of Newberry, SC, on duty with the 121st Evacuation Hospital at Neubau, treats a former concentration camp inmate on May 20, 1945. Appoximately 80 percent require medical attention. The US Army impressed 500 prisonsers of war and 70 women from nearby towns into service to assist the improvement of sanitary conditions. Photo by Staff Sergenat Bruno C. Hawkins

Neubau am 16. Mai 1945: Einige der in den letzten Tagen verstorbenen KZ-Häftlinge.
Bild: Oberfeldwebel Bruce C. Hawkins

Neubau on May 16, 1945: Concentration Camp inmates who died in the past week.
Photo by Staff Sergeant Bruce C. Hawkins

Als Leiter eines Maschinengewehrtrupps ist Oberfeldwebel L. Gordon Blasius verantwortlich für 18 Männer. Sie gehören zur Kompanie B vom 63. Panzergrenadier-Bataillon der 11. Panzer-Division. Nachdem der Krieg zu Ende ist, muss Blasius' Trupp ein kleines ländliches Krankenhaus bei **Linz** bewachen.

Responsible for 18 men, Staff Sergeant L. Gordon Blasius leads a machine gun squad. They are a part of Company B, 63rd Armored Infantry Battalion, 11th Armored Division. After combat ceases, Blasius' is assigned to protect a small hospital in the countryside near Linz, Austria.

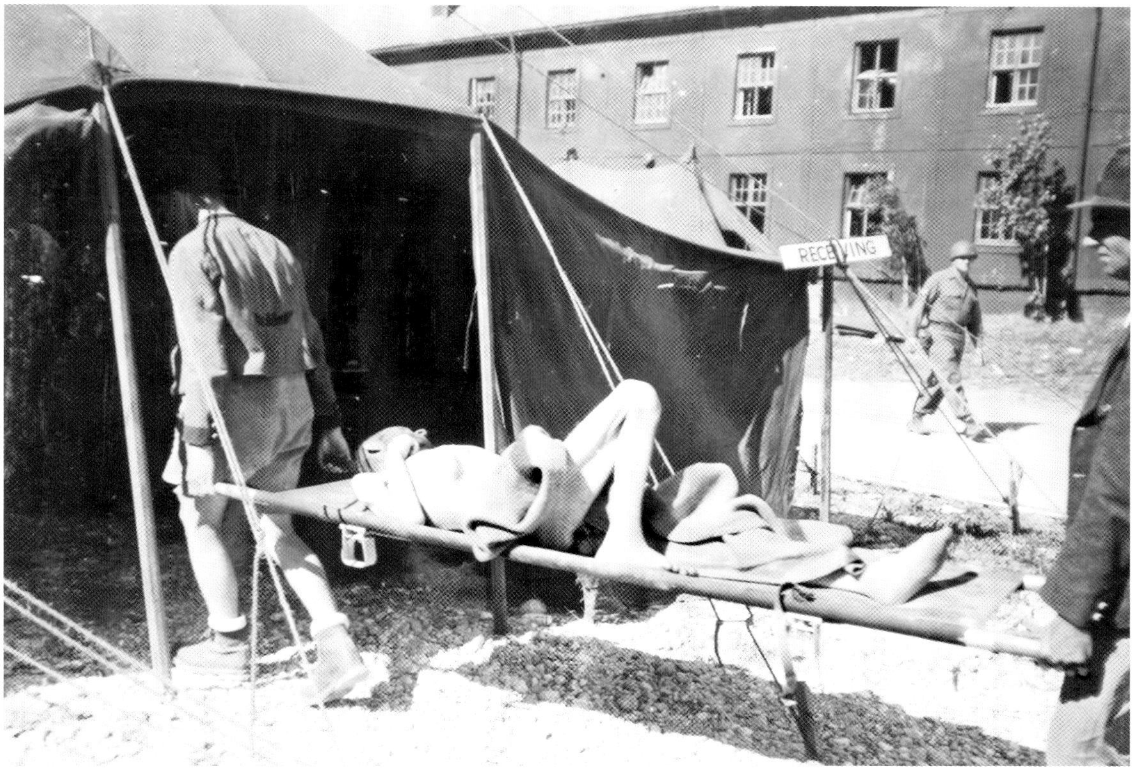

Deutsche Zivilisten, die für die US-Armee arbeiten, tragen am 16. Mai 1945 einen entlausten ehemaligen KZ-Insassen zur Aufnahme in das 121. Feldlazarett in **Neubau** bei Linz. Bild: Oberfeldwebel Bruno C. Hawkins

German civilians working for the US Army carry a deloused former concentration camp inmate into the receiving room of the 121st Evacuation Hospital at Neubau near Linz on May 16, 1945. Photo by Staff Sergeant Bruno C. Hawkins

Am 16. Mai verbrennen Kriegsgefangene, die in der Nähe des ehemaligen Flughafens **Neubau** geschnappt wurden, am behelfsmäßigen Standort des 121. Feldlazaretts, das am 9. Mai 1945 eintraf, Müll und andere infizierte Materialien. Unter den verbesserten Bedingungen und mit medizinischer Versorgung fällt die Sterblichkeitsrate befreiter KZ-Häftlinge von 120 auf 25 pro Woche. Bild: Oberfeldwebel Bruno C. Hawkins

On May 16, 1945, prisoners of war captured near the former airport at Neubau burn trash and other disease-infested material next to the temporary location of the 121st Evacuation Hospital, which arrived on the scene on May 9, 1945. Under the improved conditions, and with medical treatment, the death rate of concentration camp inmates drops from 120 to 25 a week. Photo by Staff Sergeant Bruno C. Hawkins

Als das DP-Lager **Pocking-Waldstadt** auf eine Zahl von 8.000 anwächst, kommen manche der jüdischen Babys mit schweren Behinderungen zur Welt. Wegen ihrer chronisch unterernährten Mütter leiden sie an einem krassen Mangel an Vitamin B-12 und werden hinter der KZ-Gedenkstätte an der B 12 beerdigt. Frederick Orenstein, der seine medizinische Ausbildung in Frankreich erhielt und vor dem Krieg in Warschau praktiziert hat, ist ein Überlebender mehrerer KZs. Als Angehöriger eines UNRRA-Teams und Chefgynäkologe der Region untersucht er ein Neugeborenes, dessen Gehirn außerhalb des Schädels wächst.

As the DP camp at Pocking-Waldstadt is growing to a population of 8,000, some of the Jewish babies are born with severe birth defects. Born to chronically undernourished mothers, they suffer from lack of folic acid, and are buried beyond the concentration camp memorial on Highway B 12. Frederick Orenstein, who received his medical education in France and practiced in Warsaw before the war, is a survivor of various concentration camps. As part of an UNRRA team (United Nations Relief and Rehabilitation Administration) and the area's chief obstetrician, he examines a newborn whose brain grows outside of the skull.

Soldaten vom 1. Bataillon des 104. Regiments der 26. Infanterie-Division bewachen am 4. September 1945 in **Wels** fünf ungarische DPs, die beim Stehlen und Schwarzmarkthandeln mit US-Waren erwischt wurden.

Men of the 1st Battalion, 104th Regiment, 26th Infantry Division, in Wels on September 4, 1945, guarding five Hungarian DPs caught stealing and blackmarketing US goods.

Auf den Straßen ist ein ständiger Strom von DPs, die in beide Richtungen ziehen. Auf beiden Seiten der Straße bewegen sich Leute auf verschiedene Weise fort, meist zu Fuß, per Fahrrad oder auf Fuhrwerken. George Valentine von der S2-Abteilung des Hauptquartiers, 2. Bataillon vom 261. Infanterie-Regiment, hat DPs auf ihrem Weg von **Enns** in die sowjetische Besatzungszone fotografiert.

The roads have a continuous stream of displaced persons going in both directions. Both sides of the road have people moving on different forms of transportation, most by foot, bicycle, and wagons. George Valentine from the S-2 section at the 2nd Battalion Headquarters, 261st Infantry Regiment, photographed displaced persons leaving Enns, Austria, moving into Soviet-occupied territory.

Flüchtlinge in **Linz.**

Refugees at Linz.

Ein amerikanischer Offizier begrüßt Pastor Friedrich Gustav Emil Martin Niemöller (1892-1984), eine am 5. Mai 1945 in Österreich befreite Geisel.

Pastor Friedrich Gustav Emil Martin Niemöller (1892-1984), a hostage liberated in Austria on May 5, 1945, being greeted by an American officer.

Am 22. Mai 1945 kommen ehemalige sowjetische Zwangsarbeiter im böhmischen **Netolitz** an, wo Sowjet-Soldaten sie erwarten. Bild: James A. Ryan

Former Soviet slave laborers arriving at Netolice, Czechoslovakia, on May 22, 1945, where Soviet soldiers are meeting them. Photo by Technician 4 James A. Ryan

Die Lage nach dem 8. Mai 1945 in den Griff zu bekommen, ist eine Herausforderung. Gleich nach dem Kriegsende kommen deutsche Kinder aus der Tschechoslowakei auf ihrem Heimweg nach Fulda durch **Frauenau**.

Handling the situation after May 8, 1945, becomes a challenge. On their way home to Fulda after VE-Day, German youth from Czechoslovakia are marching through Frauenau.

Heim ins Reich nach der Kinderlandverschickung: Rast in **Frauenau.**

Young men and their advisor from a rural Hitler Youth camp on the Czech border taking a break in Frauenau.

Ein italienisches Haus auf Rädern und ein deutsches Pferdefuhrwerk am 3. Juni in **Landshut**. Bild: Cummings

Horse-drawn Italian caravan and German horse-drawn cart in Landshut on June 3, 1945. Photo by Cummings

Schier endlose Schlangen von DPs ziehen von **Enns** in die sowjetische Zone. Robert Patton erinnert sich, wie er "das andere Ufer der Donau beobachtete. Sowjets und DPs zogen in endlosen Reihen ich Richtung Linz, gar nicht organisiert. Manche schauten aus wie Soldaten in Autos, andere waren auf Rädern, Karren und Wagen, die von Ochsen oder Pferden gezogen wurden."

A seemingly endless stream of DPs moving into the Soviet zone from Enns, Austria. Robert Patton recalls "watching the other side of the Danube. Soviets and DPs were traveling toward Linz in endless line, very unorganized. Some looked like soldiers in vehicles, others were on bicycles, carts, and wagons pulled by oxen or horses."

Das kleine Mädchen, das an einem blau-weiß-roten Band webt, gehört zu einer Gruppe deutschstämmiger Jugoslawen, die auf ihrer Flucht vor den Sowjets durch Europa gezogen sind. Am 12. Juni 1945 sind von den ursprünglich 185 Wagen noch 35 in **Kydne.** Bild: Gilbert

June 12, 1945, Kydne, Czechoslovakia: The little girl weaving a red, white and blue ribbon, is a member of a caravan of Yugoslavians of German descent, who have been wandering across Europe to avoid capture by the Soviets. Only 35 of the original 185 wagons remain. Photo by Technician 5 Gilbert

Eine Tochter aus der Karawane von Jugoslawien, die ihrer 73jährigen Mutter in **Kydne** am 12. Juni 1945 das Haar kämmt.

A daughter in the caravan from Yugoslavia, combing her 73-year old mother's hair in Kydne, Czechoslovakia, on June 12, 1945.

Ein Lager für befreite rumänische DPs in **Wallern** am 18. Juni 1945: Ehemalige Zwangsarbeiter, die auf ihre Heimreise warten, verwenden alle möglichen Fahrzeuge vom Pferdegespann bis zum gepanzerten Halbkettenfahrzeug. Bild: Unteroffizier Louis Kaufman

A camp for freed Romanian DPs in Volary, Czechoslovakia, on June 18, 1945: Former slave laborers awaiting repatriation appropriated everything from horse-drawn carts to armored halfracks for transportation. Photo by Corporal Louis Kaufman

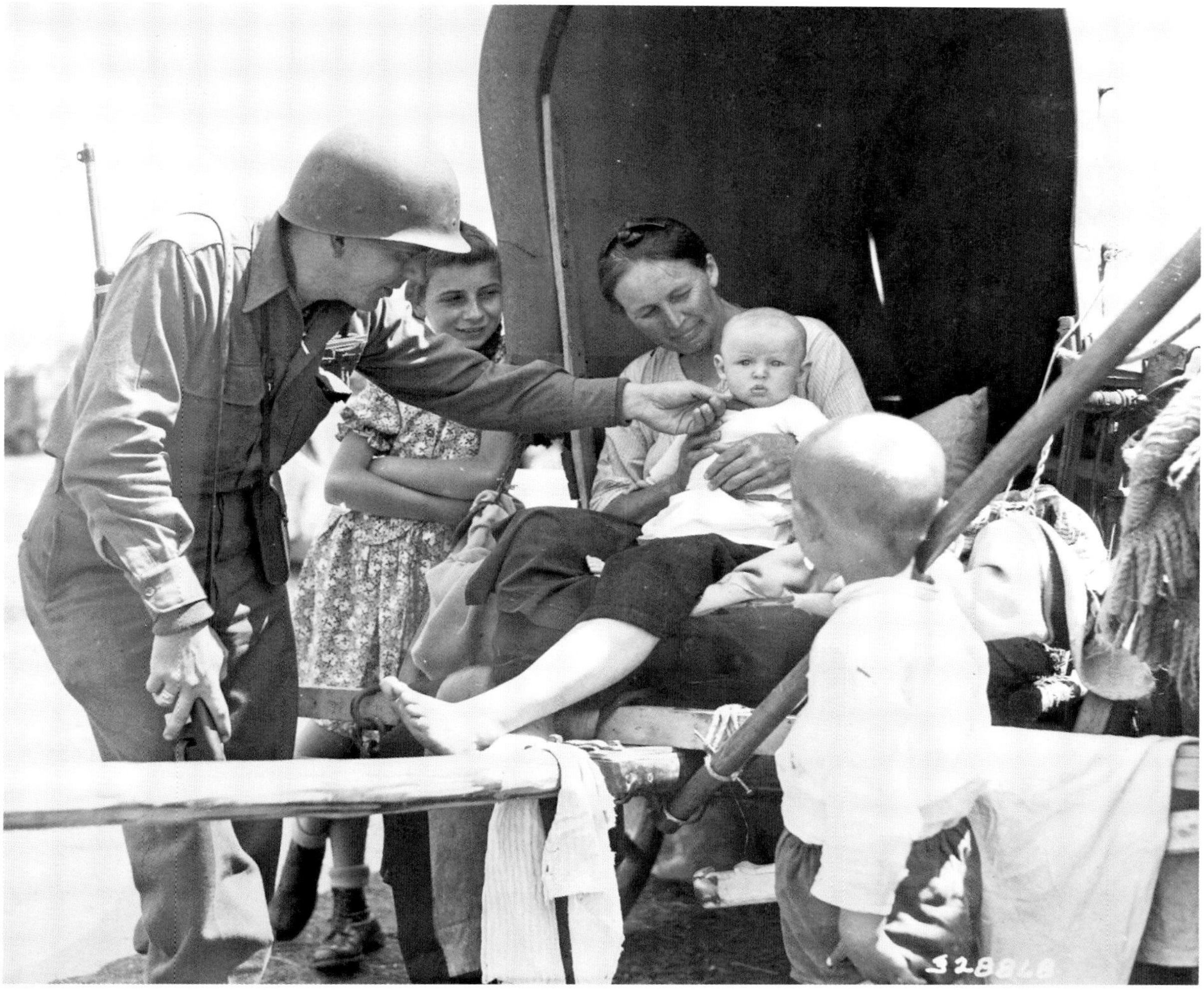

Der Gefreite Cecil L. Billingsley aus Kairo in Illinois schaut am 18. Juni 1945 in **Wallern** nach.

Private Cecil L. Billingsley of Cairo, OL, visiting in Volary, Czechoslovakia, on June 18, 1945.

Rumänisches Flüchtlingslager in **Vilshofen** am 24. Juni. Die Bewohner haben ihre Heimat vor fünf Jahren verlassen. Bild: Gefreiter Irvine C. Jones

Romanian refugee camp in Vilshofen on June 24. Its residents have not seen their homes in five years. Photo by Private Irvine C. Jones

Vilshofen: DP-Kinder in einer Karawane. Bild: Gefreiter Irvine C. Jones

Vilshofen: DP-children in a caravan. Photo by Private Irvine C. Jones

Rumänin beim Essenkochen in **Vilshofen** am 24. Juni 1945. Bild: Gefreiter Irvine C. Jones

Romanian woman cooking dinner in Vilshofen on June 24, 1945. Photo by Private Irvine C. Jones

Fahrbares Brieftaubenhaus am Hauptquartier des XII. Korps in **Regensburg.**

Portable trailer-mounted pigeon lost assigned to XII Corps Headquarters in Regensburg.

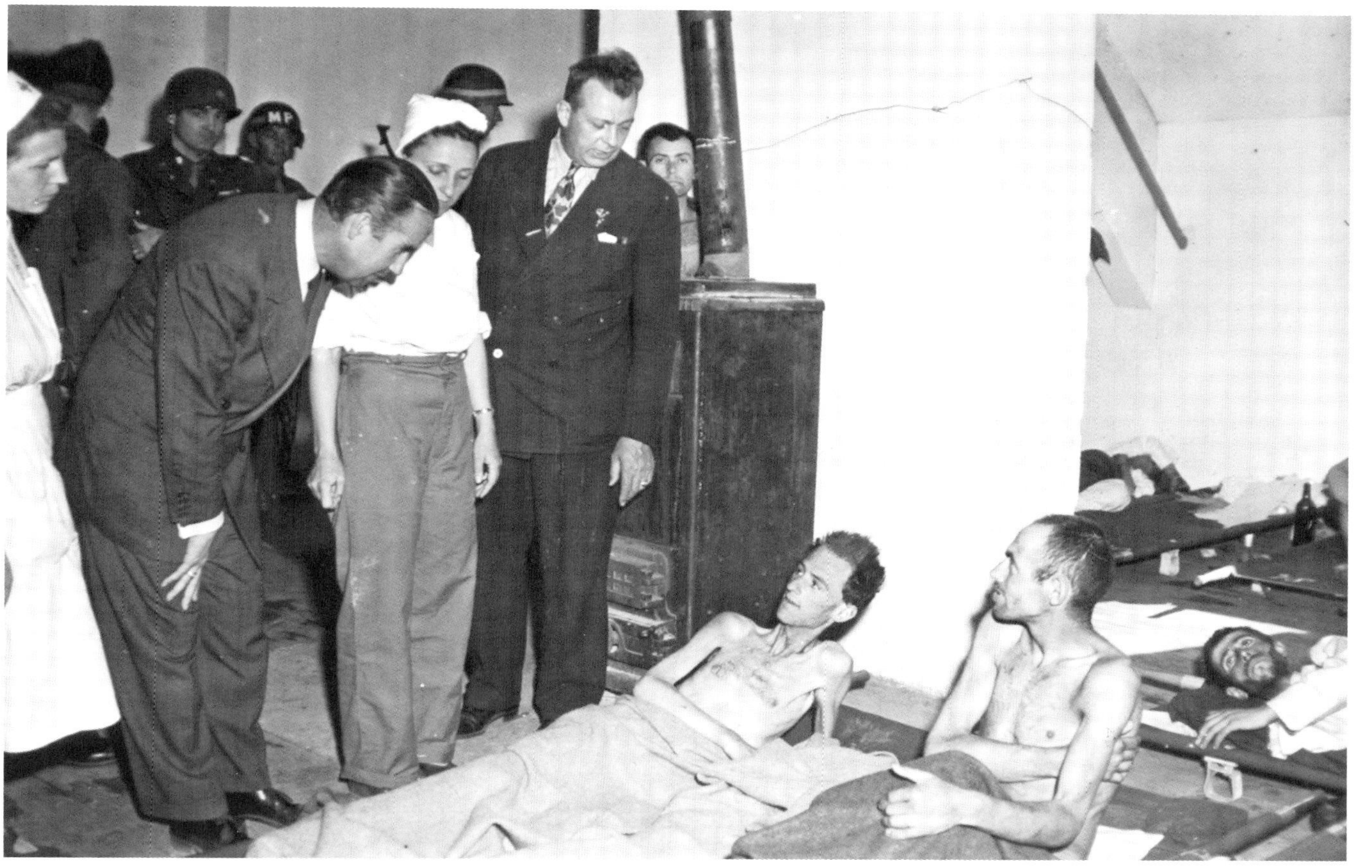

Am 22. Mai 1945 hört Jean Brunner, der Vorsitzende der Veteranen Fremder Kriege, auf seiner Reise durch Europa von unterernährten, befreiten Kriegsgefangenen im 101. Feldlazaretts in **Regensburg** Berichte aus erster Hand. Bild: Van Maanen

On May 22, 1945, Mr. Jean Brunner, Commander-in-Chief of the Veterans of Foreign Wars, touring the European Theater of Operations, gets first hand stories from starved and recaptured prisoners of war at the 101st Evacuation Hospital in Regensburg. Photo by Van Maanen

Unterleutnant M. Murray und Leutnant Samuel Tobin am Eingang des Hauptquartiers vom XII. Korps in **Regensburg**.

2nd Lieutenant M. Murray and Lieutenant Samuel Tobin at the entrance of the XII Corps Headquarters in Regensburg.

Vorübergehendes Hauptquartier des XII. Korps in **Regensburg**.

XII Corps Temporary Headquarters in Regensburg.

Hauptquartier von Generalmajor Stafford LeRoy Irwins XII. Korps in **Regensburg.**

Regensburg Headquarters of Major General Stafford LeRoy Irwin's XII Corps.

Hauptquartier des XII. Korps in **Regensburg.**

XII Corps Headquarters in Regensburg

Juli 1945 in der **Regensburger** Reichsbank: Amerikanische Offiziere mit einem Teil des auf fünf Milliarden Dollar geschätzten Goldes, Silbers und der Wertpapiere. Kniend Oberstleutnant Weaver, Assistent der 5. Abteilung im XII. Korps; von links nach rechts: Oberstleutnant Billings, Leiter der G-5 im XII. Korps; Oberstleutnant Donson, Leiter der Militärregierung in Regensburg, Oberstleutnant Pospisil, stellvertretender Leiter der Militärregierung, und Oberleutnant Stack, Finanzoffizier der Militärregierung.

July 1945 at the Reichsbank in Regensburg: American officers posing with part of the estimated five billion dollars of gold, silver and securities stashed away. Kneeling is Lieutenant Colonel Weaver, Assistant G-5, XII Corps; left to right: Lieutenant Colonel Billings, G-5, XII Corps; Lieutenant Colonel Donson, Senior Military Government Officer in Regensburg; Lieutenant Colonel Pospisil, Deputy Senior Military Government Officer; 1st Lieutenant Stack, Military Government Fiscal Officer.

Gruppe des 150. Pionierbataillons, dem am 21. August eine Auszeichnung des amerikanischen Präsidenten verliehen wurde. Nach kurzen Aufenthalten in Hutthurm, Passau und Schüttenhofen, wohin sie mit der 4. Panzerdivision kamen, ließen sie sich in **Regensburg** nieder.

Group of the 150th Combat Engineer Battalion, following presentation of a *Presidential Unit Citation* on August 21, 1945. After short stints in Hutthurm, Passau and Susice, Czechoslovakia, where they had traveled in support of the 4th Armored Division, they settled down in Regensburg.

9. Juni 1945: Vertreter der Militärregierung in **Regensburg** begutachten Glocken, die Nationalsozialisten zum Einschmelzen aus französischen Kirchen geraubt hatten. Dem Regensburger Bischof wurde die Genehmigung, sie zu nutzen, entzogen, sobald der Raub bekannt wurde.

June 9, 1945: Military Government officials in Regensburg examine bells to be melted and used for armament. They were robbed from French churches by National Socialists. The permission granted to the Bishop of Regensburg to use the bells was rescinded upon discovery of their theft.

Geheimes Treffen in **Stechovice** am 12. Februar 1946.

Secret meeting at Stechovice near Prague, Czechoslovakia, on February 12, 1946.

Vergrabene Schätze werden am 12. Februar 1946 von **Stechovice** abtransportiert. Eiheimischen Berichten zufolge hat der *SS*-Kommandant Emil Klein hier Gold und Dokumente des *Kaiser-Wilhelm-Instituts* im Wert von über sechs Milliarden Dollar vergraben lassen.

Treasure removal at Stechovice, Czechoslovakia, on February 12, 1946. According to local reports, the *SS*-commander Emil Klein had buried gold and documents from the *Kaiser Wilhelm Institute* worth over six billion dollars.

Ausgrabungen in der Burg **Veldenstein** am 3. April 1950, um an mehr von Göring's vergrabener Kriegsbeute heranzukommen. Die Stelle wurde entdeckt, nachdem ein polnischer DP amerikanischen Soldaten einen Tipp gab. Bild: Stabsfeldwebel Loveland

Site of excavations at Veldenstein Castle to remove some of Hermann Göring's buried loot on April 3, 1950. The site was found by Army agents acting on a tip from a Polish displaced person. Photo by Master Sergeant Loveland

Deutsche Arbeiter setzen am 3. April 1950 die Ausgrabungsarbeiten fort. Bild: Stabsfeldwebel Loveland

German laborers continuing excavation work on April 3, 1950 to unearth more loot. Photo by Master Sergeant Loveland

Flüchtlingskinder schauen am 3. April 1950 zu. Bild: Stabsfeldwebel Loveland

Refugee children are watching on April 3, 1950. Photo by Master Sergeant Loveland

Die zerstörte Kräutelstein-Brücke bei **Passau.**

Destroyed Kräutelstein Bridge below Passau.

Im Mai 1945 blockiert die zerstörte Brücke die Donau in **Vilshofen.**

Wreckage of the destroyed bridge blocking the Danube River at Vilshofen in May 1945.

Pioniere des XII. Korps beim Beseitigen von Teilen der gesprengten Brücke in **Vilshofen.**

XII Corps‘ combat engineers clearing debris of the detonated Vilshofen bridge.

Eine ungarische Marine-Einheit entfernt lieber Wracks aus der **Donau**, als vom XII. Korps den Sowjets ausgehändigt zu werden.

A Hungarian naval unit under supervision of the XII Corps chooses to clear the Danube from debris, instead of being handed over to the Soviets.

Um die Donau wieder befahrbar zu machen, räumen die Pioniere des XII. Korps Trümmer der **Steinbach**-Brücke aus dem Weg, die deutsche Truppen gesprengt haben.

To make the Danube navigable for river traffic, XII Corps' Engineers are clearing debris of the Steinbach bridge, which retreating Germans demolished

Am 16. Mai 1945 wird am 121. Feldlazarett in **Neubau bei Linz** Kleidung für Patienten entladen.
Bild: Oberfeldwebel Bruce C. Hawkins

Clothing for patients being unloaded at the 121st Evacuation Hospital in Neubau near Linz, Austria, on May 16, 1945. Photo by Staff Sergeant Bruce C. Hawkins

Nachdem das amerikanische Transport-Korps die Donau von Regensburg bis **Linz** für Nachschub wieder freigegeben hat, werden in Linz am 14. Juni 1945 Lebensmittel für die Zivilbevölkerung entladen.
Bild: Feldwebel Brignolo

After the US Transportation Corps has opened the Danube River for commercial boat traffic between Regensburg and Linz food for the civilian population is being unloaded in Linz on June 14, 1945. Photo by Sergeant Brignolo

Das Transport-Korps der US-Armee hat die Donau von **Regensburg bis Linz** als Transportroute für Nachschub wieder freigegeben. Am 14. Juni wird an den Docks Nahrung entladen. Bild: Feldwebel Brignolo

The Army Transportation Corps has reopened the Danube as a means of transporting of supplies from Regensburg to Linz, Austria. Food is unloaded at the docks on June 14, 1945. Photo by Sergeant Brignolo

14. Juni 1945: Schiffe an den **Linzer** Docks beim Entladen von Nahrungsmitteln. Bild: Feldwebel Brignolo

June 14, 1945: Ships tied up to the docks at Linz, Austria, are unloading food supplies. Photo by Sergeant Brignolo

20. Juni 1945: Der am 8. April 1945 bombardierte Bahnhof von **Eger.** Bild: Ignatius Gallo

June 20, 1945: The railroad yard and station in Cheb, Czechoslovakia, that was bombed on April 8, 1945. Photo by Technician 5 Ignatius Gallo

Am 20. Juni 1945 räumen Frauen Schutt vom Bahnhof in **Eger** und füllen Bombenkrater. Bild: Ignatius Gallo

On June 20, 1945, women workers clear debris and fill in bomb craters in Cheb, Czechoslovakia. Photo by Technician 5 Ignatius Gallo

Soldaten der Kompanie C von den 56. Panzergrenadieren der 11. Panzerdivision beschäftigen am 29. Mai 1945 bei **Linz** Kriegsgefangene, um eine Straße wiederherzustellen, die die Armee zur Versorgung braucht. Bild: Obergefreiter Peter P. Pantaleone

Soldiers of Company C, 56th Armored Engineer, 11th Armored Division, employ prisoners of war to repair a road used as an Army supply route near Linz, Austria, on May 29, 1945. Photo by Private First Class Peter P. Pantaleone

Reparatur vor eroberten Fahrzeugen am 13. September 1945 in **Linz.** Ein Techniker 3. Grades von der 538. Nachschub-Kompanie aus Aloha in Oregon untersucht britische, französische, polnische und tschechische Reifen in einem Materialdepot auf deren Verwendbarkeit. Bild: Chester Garstki

Repair of captured vehicles on September 13, 1945, in Linz. A Technician 3 of the 583th Ordnance Company from Aloha, OR, checking the usability of British, French, Polish and Czech tires at an enemy material depot. Photo by Technician 5 Chester Garstki

Linz, am 13. September 1945: Der Obergefreite Norman Highfield aus Georgia von der 6. Versorgungs-Kompanie und der ehemalige Feldwebel Branat Joseph von der deutschen Armee, der jetzt zur Reparatur von eroberten Fahrzeugen angestellt ist, stellen fest, ob sich der Aufwand lohnt. Bild: Chester Garstki

Linz on September 13, 1945: Private First Class Norman Highfield of Georgia from the 6th Ordnance Company and former German Army Sergeant Branat Joseph, now employed to repair captured vehicles, determine whether this one is worth fixing. Photo by Technician 5 Chester Garstki

Reparatur eines eroberten Wehrmachtsfahrzeugs in **Linz** am 13. September 1945, um Österreichern beim Holz holen zu helfen. Bild: Chester Garstki

A former German Army truck being repaired in Linz on September 13, 1945, is offered to aide Austrians in hauling lumber. Photo by Technician 5 Chester Garstki

Ed Lewis auf einem Lastwagen der Versorgungs-Kompanie. Wie andere aus Generalmajor Reinhart's 65. Infanterie-Division dient er jetzt beim 39. Regiment der 9. Infanterie-Division.

Ed Lewis on a truck of his Service Company. Like others from Major General Reinhart's 65th Infantry Division, he is transferred to the 39th Regiment, 9th Infantry Division.

Der Feldwebel William F. Kessling aus Cincinnati in Ohio fotografiert den Obergefreiten John R. Blocker aus San Antonio in Texas am 8. Juli 1945 mit über 500 eroberten Artillerie-Munitions-Kutschen in einem Lager für Feindmaterial bei **Augsburg**.

Sergeant William F. Kessling of Cincinnati, OH, photographs Private First Class John R. Blocker of San Antonio, TX, with over 500 captured artillery ammunition caissons in an enemy equipment depot at Augsburg on July 8, 1945

Am 26. September 1945 begrüßt Generalmajor Stanley Eric Reinhart, Kommandeur der 26. Infanterie-Division brasilianische Delegierte auf ihrer Reise durch Europa zum Mittagessen in **Linz.** Bild: Leutnant Okamoto

On September 26, 1945, Major General Stanley Eric Reinhart, commander of the 26th Infantry Division (third from right), greets the Brazilian delegation touring Europe as they stop for a luncheon in Linz.
Photo by Lieutenant Okamoto

Die erste Ausgabe der *Mittelbayerischen Zeitung* wird in **Regensburg** gedruckt.

First copies of the *Mittelbayerische Zeitung* are printed in Regensburg.

Stadtrat Karl Esser, der gerade lizenzierte Herausgeber der *Mittelbayerischen Zeitung* in **Regensburg**, überreicht Oberst B. B. McMahon am 23. Oktober 1945 die ersten Exemplare.

On October 23, 1945, Karl Esser, a city councilman and newly licensed publisher of the *Mittelbayerische Zeitung*, presents Colonel B. B. McMahon with the first copies of the regional paper in Regensburg.

Nachbarn in Uniform

Neighbors in Uniform

Der Obergefreite Martin Brush aus Peoria in Illinois und sein Gast, Elizabeth Fodina, schauen sich die Landschaft an, während sie 90 Meilen auf der Donau an Bord des Ausflugsschiffes „Stadt Passau" zurücklegen. Die Reise wird von Generalmajor Reinharts in **Linz** stationierter 26. Infanterie-Division angeboten. Bild: Chester F. Garstki

Private First Class Martin Brush from Peoria, IL, and his guest, Elizabeth Fodina watch the scenery as they make the 90-mile trip on the Danube River aboard the excursion boat "Stadt Passau". The excursion is sponsored by Major General Reinhart's 26th Infantry Division stationed in Linz, Austria.
Photo by Technician 5 Chester F. Garstki

Nach siebenundzwanzig Monaten trifft dieser Hauptmann endlich seinen Sohn, der bei der 65. Infanterie-Division in Oberösterreich dient. Der Vater hat lange Zeit als Soldat gedient, was die Winkel vom Ersten Weltkrieg auf dem linken Ärmel und die Riegel für einen Übersee-Einsatz im Zweiten Weltkrieg anzeigen. Jeder Riegel und Winkel bedeutet sechs Monate Einsatz. Die beiden aufgemalten Balken am Helm zeigen seinen Rang. Außerhalb von Gefechten tragen Offiziere ihren Rang vorne auf dem Helm, im Kampf ist er stattdessen oft auf dem Rücken oder fehlt gänzlich. Die gekreuzten Gewehre am Kragen sind die Abzeichen der Infanterie.

After twenty-seven month this captain finally meets his son in Upper Austria, where the sergant is serving with the 65th Infantry Division. The captain is a veteran with a long service record as indicated by the inverted chevrons from World War I on the left sleeve and the horizontal bars awarded for overseas service in World War II. Each bar or chevron indicates six month of service. Two painted bars on the father's helmet indicate his rank. In non-combat situations officers wear their rank displayed on the front of their helmet. In combat, it is more often displayed on the back or not at all. The crossed rifles on his collar are the insignia of the infantry branch.

Während einer Truppentournee in der Tschechoslowakei unterhält sich die Sängerin Martha Tilton am 10. Juli 1945 mit der ungarischen Gräfin Maria Kalnoky auf deren Schloß in **Bischofteinitz.**

Singer Martha Tilton, touring with a USO show in Czechoslovakia, chats with Hungarian Countress Maria Kalnoky while visiting her family's castle at Horsovsky-Tyn on July 10, 1945.

US-Soldaten am 14. Juni an Bord eines Ausflugsschiffes beim Verlassen von **Linz.** Bild: Feldwebel Brignole

US soldiers aboard excursion boat leaving Linz on a trip to Passau on June 14, 1945. Photo by Sergeant Brignole

Am 19. Mai 1945 warten Soldaten der 11. Panzerdivision, um auf der Donau in **Linz** Boot zu fahren.
Bild: Obergefreiter Joseph Scrippens

On May 19, 1945, men of the 11th Armored Division prepare to go boating on the Danube in Linz, Austria.
Photo by Private First Class Joseph Scrippens

Regensburg: Unteroffizier G. Parry Wiess aus Ambler in Pennsylvanien hämmert einen großen Nagel aus einem Kinderschuh.

Regensburg: Corporal G. Parry Wiess from Ambler, PA, hammers a big nail out of a child's shoe.

Ein polnischer DP zapft Bier, welches das XII. Korps hier ebenso wie Kaffee und Krapfen kostenlos an US-Soldaten ausgibt. Bild: Feldwebel G. Meyer

A Polish DP draws beer which the XII Corps provides free of charge, along with coffee and doughnuts to GIs. Photo by Sergeant G. Meyer

Der Obergefreite Frederick Kinnahe aus Fall River in Massachusetts (links) von der Versorgungs-Kompanie des 259. Regiments und Unteroffizier Horace Batchelor aus Sutton in Massachusetts vom 868. Feldartillerie-Bataillon am 24. Juni 1945 am Eingang zum Adlerhorst in **Berchtesgaden.**

Private First Class Frederick Kinnahe of Fall River, MA, (left) from Service Company 259th Regiment and Corporal Horace Batchelor of Sutton, MA, from the 868th Field Artillery Battalion at the entrance to the tunnel and elevator leading to Hitler's Eagle's Nest in Berchtesgaden on June 24, 1945.

Am 23. August 1945 besucht eine Delegation der Flak-Brigade des XV. Korps die wiedereröffnete Höhle bei **Pottenstein,** wo die *SS* Unterlagen verstaut hatte.

On August 23, 1945, a delegation of the XV Corps' Anti-Aircraft Brigade views a stalagmite in the newly opened cave at Pottenstein, which was a depository for *SS* records.

Amerikanischer Soldat beim Anbandeln mit Einheimischen bei **Asch** am 20. April 1945.

American soldier fraternizing with local girls near As, Czechoslovakia on April 20, 1945.

Maynard Hanson mit befreundeten **Linzern.**

Maynard Hanson fraternizing in Linz, Austria.

Soldaten des 18. Panzerbataillons der 8. Panzerdivision mit einheimischen Mädchen im Biergarten-Club für Unteroffiziere und Mannschaften am 23. Juni 1945 bei **Pilsen.**

Soldiers of the 18th Tank Battalion, 8th Armored Division, enjoying companionship of local girls in an enlisted men's beer garden club near Plzen, Czechoslovakia, on June 23, 1945.

Eine Einheimische küsst General George Smith Patton Junior am 7. Juli 1945 in **Schüttenhofen.**

A local woman kissing General George Smith Patton, Jr. in Susice, Czechoslovakia, on July 7, 1945.

General Stanley Eric Reinhart ist ein ausgesprochen einfühlsamer Militärgouverneur. Er wuchs mit den Pferden seines Großvaters auf. Seine Soldaten stellen Futter für die Lipizzaner zur Verfügung und bewachen solche Vorräte gelegentlich sogar mit Waffen. Nachdem in **Ried** drei Ausstellungshallen geräumt werden, installieren sie doppelte Wände und eine zusätzliche Decke für ein geeignetes Winterquartier.

Major General Stanley Eric Reinhart is a very compassionate military governor. He grew up with his grandfather's horses. His soldiers make food available for the Lippizans, occasionally extending armed protection for such depots. After three exhibition halls in Ried, Austria, are vacated, they install double walls and an additional ceiling for proper winter quarters.

Zu Ehren der beiden Vier-Sterne-Generäle George S. Patton Junior und Mark W. Clark: Für den 22. August 1945 arrangiert General Reinhart eine Sonderveranstaltung auf Schloss Arco in **St. Martin**, wo die tanzenden weißen Hengste untergebracht sind.

To honor the visit of two four-star generals, George S. Patton, Jr. and Mark W. Clark on August 22, 1945, Major General Reinhart arranged a special event at Arco Castle in St. Martin, Austria, where the dancing white stallions found a home.

General George Smith Patton Junior, Kommandeur der 3. Armee, auf *Favory Africa*, dem Lipizzaner, den die 2. Kavallerie-Gruppe in **Hostau** erobert hat. Adolf Hitler hatte den Hengst als Geschenk für Japans Kaiser Hirohito bestimmt.

General George Smith Patton, Jr., commander of the 3rd Army, on Favory Africa, the Lipizzan that the 2nd Cavalry Group captured in Hostoun, Czechoslovakia. This is the stallion that Adolf Hitler had chosen for a Gift to be presented to Japan's Emperor Hirohito.

Zaungäste im **Schloß Arco** am 22. August 1945. Bild: Chester F. Garstki

Local audience watching the horse show at the Arco Castle in Austria on August 22, 1945.
Photo by Technician 5 Chester F. Garstki

In Gefangenschaft entledigt sich das Orchester der 11. Panzerdivision seiner Uniformen und unterhält die Besatzer im Regensburger Ballsaal des Parkhotel Maximilian unter dem Namen „Philipps“.

As prisoners of war, the band of Germany's 11th Armored Division discards their uniforms in favor of suits, and entertains the occupation forces in the ballroom of the Maximilian Parkhotel under the name of "Philipps" or "XII. Corps' Own" in Regensburg.

Brigadegeneral John M. Lentz (1896-1989) hat im Jagdschloss Thiergarten des Fürsten von Thurn und Taxis bei **Regensburg** das Hauptquartier der XII. Korps-Artillerie und einen Reitstall für US-Soldaten.

Thiergarten, the Duke von Thurn und Taxis' hunting Castle near Regensburg, where Brigadier General John M. Lentz (1896-1989) runs the XII Corps Artillery Headquarters and riding stables for American soldiers.

Oberstleutnant Waldo P. Walker von der Artillerie des XII. Korps und Hauptmann Lawrence Lusk (links) vom Hauptquartier des XII. Korps mit einem ungarischen Offizier am Reitstall im Jagdschloss Thiergarten der Familie Thurn und Taxis bei **Regensburg**.

Lieutenant Colonel Waldo P. Walker, XII Corps Artillery, and Captain Lawrence Lusk (left), Headquarters XII Corps with a Hungarian army officer at the stables of the Thurn und Taxis Hunting Castle Thiergarten near Regensburg.

Die 15jährige Anny Friedberger und andere Mädchen in **Passau** wurden ausdrücklich davor gewarnt, sich nicht mit "dem Feind" einzulassen. Weil ihr Vater im 1. Weltkrieg Giftgas ausgesetzt war, hat sie ihn nie kennengelernt. Der 2. Weltkrieg forderte alle drei Brüder. Franz, der Älteste, fiel an der Front. Hermann wurde vermisst. Walter, der jüngste, ergab sich am ersten Kampftag und kommt erst 1947 aus der Kriegsgefangenschaft in Belgien zurück. Das blonde, blauäugige Mädchen wird Überlebenden und amerikanischen Veteranen, die nach Passau zurückkommen, eine äußerst großzügige Gastgeberin.

15-year old Anny Friedberger and other girls in Passau were explicitly warned not to fraternize "with the enemy". Due to his exposure to poison gas in WWI she never came to know her father. WWII claimed all three brothers. Franz, the oldest, was killed in action. Hermann was missing in action. Walter, the youngest surrendered on the first day of combat and will not return from imprisonment in Belgium until 1947. Decaders later, the blonde, blue-eyed girl would become a most gracious host to survivors and American veterans returning to Passau.

Der Obergefreite Terrell M. Nelson von der 26. Infanterie-Division und eine Österreicherin am 4. September 1945 beim Pferdefüttern in **Wels.**

Private First Class Terell M. Nelson from the 26th Infantry Division and an Austrian girl feeding a horse in Wels on September 4, 1945.

Am 4. September 1945 schaukelt der Obergefreite Ralph Dubas aus Burwell in Nebraska mit einer kleinen **Welserin.** Bild: Chester F. Garski

Private First Class Ralph Dubas from Burwell, NE, swinging with an Austrian girl from Wels, Austria, on September 4, 1945. Photo by Technician 5 Chester F. Garski

Am 4. September 1945 schaukelt der Obergefreite Wilfred Cox aus Ottawa in Ohio von der 26. Infanterie-Division mit einem österreichischen Jungen.

On September 4, 1945, Private First Class Wilfred Cox of Ottawa, OH, from the 26th Infantry Division, swings with an Austrian boy.

General George Smith Patton Junior am 7. September 1945 bei **Eger** auf Entenjagd mit Generalmajor Harmon.

General George Smith Patton, Jr. hunting ducks near Cheb, Czechoslovakia, with Major General Harmon on September 7, 1945.

Pferdeshow der 2. Kavallerie-Gruppe am 20. Oktober 1945 in **Cham:** Hauptmann Charlotte L. Dyer aus New Hope in Pennsylvanien vom Frauen-Hilfskorps und eine spezielle Hilfskraft im Hauptquartier des XII. Korps, auf Annie, zeigt den Teller, den sie für den ersten Platz bekommen hat.

2nd Cavalry Group horse show at Cham on October 20, 1945: Captain Charlotte L. Dyer of New Hope, PA, from the Womens Auxiliary Corps and a special assistant to XII Corps Headquarters, on Annie, displaying the plate she was awarded for winning the 1st place.

Brigadegeneral Morrill Watson Marston (1896–1978) von der Linzer Kommandantur am 19. Dezember 1950 mit DP-Kindern, die im österreichischen **Wegscheid** Eis und heiße Schokolade bekommen. Bild: Ketchum

Brigadier General Morrill Watson (1896–1978), commander of the Linz Post, with DP-children receiving ice cream and hot chocolate in Wegscheid, Austria, on December 19, 1950. Photo by Ketchum

Unteroffizier Charles W. Burns teilt am 19. Dezember 1950 unter Einheimischen im österreichischen **Wegscheid** Plätzchen aus. Bild: Ketchum

Corporal Charles W. Burns serving cookies to local residents in Wegscheid, Austria, on December 19, 1950. Photo by Ketchum

Am 24. Dezember 1947 sagen vier Kinder bei einer Weihnachtsfeier im Haus von Oberst A. Biddle in **Falkenstein** Gedichte für den Nikolaus auf. Alle Anwesenden bekommen etwas zum Essen und Geschenke, wie einen Schal oder Strümpfe.

On December 24, 1947, four children of Falkenstein reciting for Santa Claus during a children's Christmas party given at the home of Colonel A. Biddle, chief of the Allied Contact Section. All children in attendance receive refreshments and gifts, such as mufflers or stockings.

Ende einer Ära

Ending an Era

General Patton Junior bei der Verabschiedung von Truppen in **Plan,** nordwestlich von Pilsen. Bild: Techniker Cyrol Spiess aus Rochester in Minnesota. Er arbeitete als Fahrer im Hauptquartiers-Zug der Kompanie A vom 56. Panzergrenadier-Bataillon der 11. Panzerdivision.

General Patton, Jr.'s farewell to troops at Plana, northwest of Plzen, Czechoslovakia. Photo by Technician Cyrol Spiess, a native of Rochester, Minnesota. He served as a vehicle operator in the headquarters platoon of Company A, 56th Armored Engineer Battalion, 11th Armored Division.

7. Mai 1945: Befreite britische Kriegsgefangene in **Landshut** warten auf C-47 Transportflugzeuge, die sie nach England bringen.

May 7, 1945: Freed British PWs at Landshut waiting for assignment to C-47 transport planes that will return them to England.

C-47 Maschinen versorgen Truppen an der Front mit Treibstoff und fliegen Verwundete wie entlassene Soldaten aus. Unter Aufsicht der 99. Infanterie-Division gehen Briten und Amerikaner, die aus dem Stammlager VIIA in **Landshut** befreit wurden, am 7. Mai an Bord. Die erste Etappe ihrer Heimreise ist Brüssel bzw. LeHavre.
Bild: Leutnant A. J. Salvas

C-47s deliver gas and supplies to the troops on the front, and return with wounded and released prisoners of war. Under auspices of the 99th Infantry Division at Landshut on May 7, 1945, Britons and Americans released from STALAG VIIA board for Brussels and LeHavre on their first leg of the trip home. Photo Lieutenant A. J. Salvas

Ein Militärpolizist der 11. Panzerdivision konfrontiert einen der am 15. April 1945 in **Kulmbach** gefangenen kleinen Soldaten.

A military police sergeant of the 11th Armored Division confronts one of the captured child soldiers in Kulmbach on April 15, 1945.

Deutsche Soldaten, einschließlich *SS,* ziehen am 7. Mai 1945 in Gegenwart von Soldaten der 26. Infanterie-Division durch die Hauptstraße von **Schwarzbach.**

On May 7, 1945 German Soldiers, including some *SS* troops, milling about in the main street of Cerna v. Posumavi, Czechoslovakia, in the presence of 26th Infantry Division soldiers.

Eine 155-mm-Haubitze des 5. Feldartillerie-Bataillons der 1. Infanterie-Division wird nach Einstellung der Feindseligkeiten am 8. Mai 1945 in **Scheibenreuth** abgedeckt. Bild: Norbuth

“Long Tom”, a 155-mm Howitzer of the 5th Field Artillery Battalion, 1st Infantry Division, being covered after cease-fire in Okrouhlá, Czechoslovakia, on May 8, 1945. Photo by Norbuth

Gefreiter Wallace F. Burket, ein M-1 Raketenschütze der Kompanie C vom 318. Regiment der 80. Infanterie-Division (links) findet am 9. Mai 1945 in **Braunau** seinen Bruder, Feldwebel Wn. C. Burket, der 27 Monate zuvor über Afrika abgeschossen wurde. Bild: Leutnant J. M. Zinni

On May 9, 1945, Private Wallace F. Burket, an M-1 Rocket assigned to Company C, 318th Regiment, 80th Infantry Division (left), is reunited with his brother, Sergeant Wn. C. Burket at Braunau, Austria. The sergeant was shot down over Africa, and had been a prisoner of war for the past two years and three months.
Photo by Lieutenant J. M. Zinni

13. Mai 1945 in **Linz:** Ein befreiter französischer Kriegsgefangener füllt für einen Kameraden ein Antragsformular aus, damit er per US-Luftwaffe in die Heimat fliegen kann. Bild: W. E. Williams.

May 13, Linz: A liberated French prisoner of war filling out an authorization form for a comrade so he can go home by US Airforce. Photo by Technician 5 W. E. Williams.

General Dwight D. Eisenhower, der oberste Kommandeur der *Allied Expeditionary Forces*, kehrt im Juni 1945 nach Amerika zurück.

General Dwight D. Eisenhower, Supreme Commander of the Allied Expeditionary Forces, returns to America in June, 1945.

Verabschiedung von Soldaten aus Generalmajor Irwins XII. Korps in **Götzendorf** auf ihrem Heimweg in die USA.

Farewell at Götzenhof for soldiers of Major General Irwin's XII Corps returning to the United States.

Am 18. Juni sind General Dwight David **Eisenhower** und sein Sohn, Leutnant John Sheldon Eisenhower, wieder bei Mamie Geneva Doud-Eisenhower. Der Leutnant war an der bayerisch-böhmischen Grenze im Einsatz.

On June 18, 1945, General Dwight David Eisenhower and his son, Lieutenant John Sheldon Eisenhower, are reunited with Mamie Geneva Doud-Eisenhower. The Lieutenant has served at Czechoslokakia's border to Bavaria.

General George Smith Patton Junior und Generalmajor Herbert Ludwell Earnest, Kommandeur der 90. Infanterie-Division, im Juli 1945 in **Weiden**.

General George Smith Patton, Jr. and Major General Herbert Ludwell Earnest, commander of the 90th Infantry Division at Weiden in July 1945.

Vernon Schmidt von der Kompanie E des 358. Regiments der 90. Infanterie-Division. Im Dezember 1945 wird er gefragt, ob er an General Patton's Beerdigung mitwirken möchte. 2008 wird er Vorsitzender des Verbandes der 90. Infanterie-Division.

Vernon Schmidt from E Company, 358th Regiment, 90th Infantry Division. In December 1945, he will be asked to serve at General Patton's funeral. In 2008, he becomes president of the 90th Infantry Division Association.

Der Obergefreite Isadore Behas von der 26. Infanterie-Division aus Peabody in Massachusetts steht in **Schwarzbach** auf der Pontonbrücke über die Olsina.

Private First Class Isadore Behas of Peabody, MA, from the 26th Infantry Division standing on a treadway pontoon bridge spanning the Olsina River at Cerna v. Posumavi, Czechoslovakia.

General George S. Patton Junior am 17. Juli 1945 in einem Jeep bei **Strakonitz**, wo er das 301. Kampfkommando inspiziert.

General George S. Patton, Jr. in a jeep at Strakonice, Czechoslovakia on July 17, 1945, where he inspects the 301st Combat Team.

Nachdem Generalmajor Robert Chauncey Macon (1890–1980), ein Absolvent des Polytechnischen Institutes in Virginia, im April 1945 an der Elbe die Verbindung mit sowjetischen Truppen aufgenommen hatte, schlug Macon sein Hauptquartier in **Passau** auf. Dort bewirtet er General Patton Junior am 30. Juli 1945 auf der Veste Oberhaus, einem Naherholungszentrum der 83. Infanterie-Division. Von 1946 bis 1948 wird Macon als Militärattaché in Moskau dienen und dann, bis er 1952 in Pension geht, als stellvertretender Kommandeur der US-Bodenstreitkräfte.

After Major General Robert Chauncey Macon (1890–1980), a graduate from Virginia's Polytechnic Institute, linked up with Soviet troops on the Elbe in April 1945, he opened his headquarters in Passau. There, he hosts General Patton, Jr. on July 30, 1945, at Fortress Oberhaus, a local rest center for the 83rd Infantry Division. From 1946 to 1948, Macon will serve as military attaché in Moscow, and then as Deputy Chief, U.S. Army Field Forces from 1949 until he retires in 1952.

Feld-Befehlsstand im Sommer 1945, als Bataillons-Einheiten eine Feldübung abhalten. Im Bild von links nach rechts: Oberstleutnant Frederick W. Richards, der Kommandeur des 2. Bataillons des 261. Infanterie-Regiments, und Major Benjamin H. Ohemke, der Erste Offizier des Bataillons.

Field Command Post during the summer of 1945, when battalion units hold a field exercise. Pictured from left to right are Lieutenant Colonel Frederick W. Richards, Commander of the 2nd Battalion, 261st Infantry Regiment, and Major Benjamin H. Ohemke, the Battalion's Executive Officer.

Am 30. Juli 1945 nehmen General Patton Junior und Generalmajor LeRoy Irwin, Kommandeur des XII. Korps, in **Pocking** eine Parade der 83. Infanterie-Division ab. Einen Monat später kehrt Irwin nach Amerika zurück. Er wird Kommandeur des V. Korps und Kommandant von Fort Bragg, wo eine Schule nach ihm benannt wird.

On July 30, 1945, General Patton, Jr. and Major General LeRoy Irwin, commander of the XII Corps, inspecting troops of the 83rd Infantry Division in Pocking. A Month later Irwin returns to the United States, and becomes both commander of V Corps and Post Commander of Fort Bragg, where a school will be named after him.

General Reinhart's 328. Infanterie Regiment war in Schärding, Ried und Braunau stationiert. Als Oberst Alois Podhajsky sie beobachtete, beschrieb er „ein paar hundert Soldaten", die mit der Präzision ihrer Präsentation dem eines „preußischen Bataillons" gleichkam. Am 22. August 1945 spielte die Militärmusik als General Patton beim Inspizieren der Einheit in **St. Martin** die Reihe entlang stolzierte.

Major General Reinhart's 328th Infantry Regiment was stationed in Schärding, Ried and Braunau. When Oberst Alois Podhajsky watched them, he noticed "several hundred soldiers" presenting with a precision that measured up to "a Prussian battalion". On August 22, 1945, the military band played, and General Patton strutted the line, inspecting the unit in St. Martin.

General George S. Patton Junior im Liaison-Flugzeug, nachdem er am 21. August zum letzten Mal eine Parade der 103. Infanterie-Division abgenommen hat.
General George S. Patton, Jr. in a liaison plane after his final review of the 103rd Infantry Division on August 21, 1945.

General Patton Junior verabschiedet die 8. Panzerdivision am 14. September 1945 in **Rokitzan**.

General Patton, Jr. bidding farewell to the redeploying 8th Armored Division at Rokycany, Czechoslovakia, on September 14, 1945.

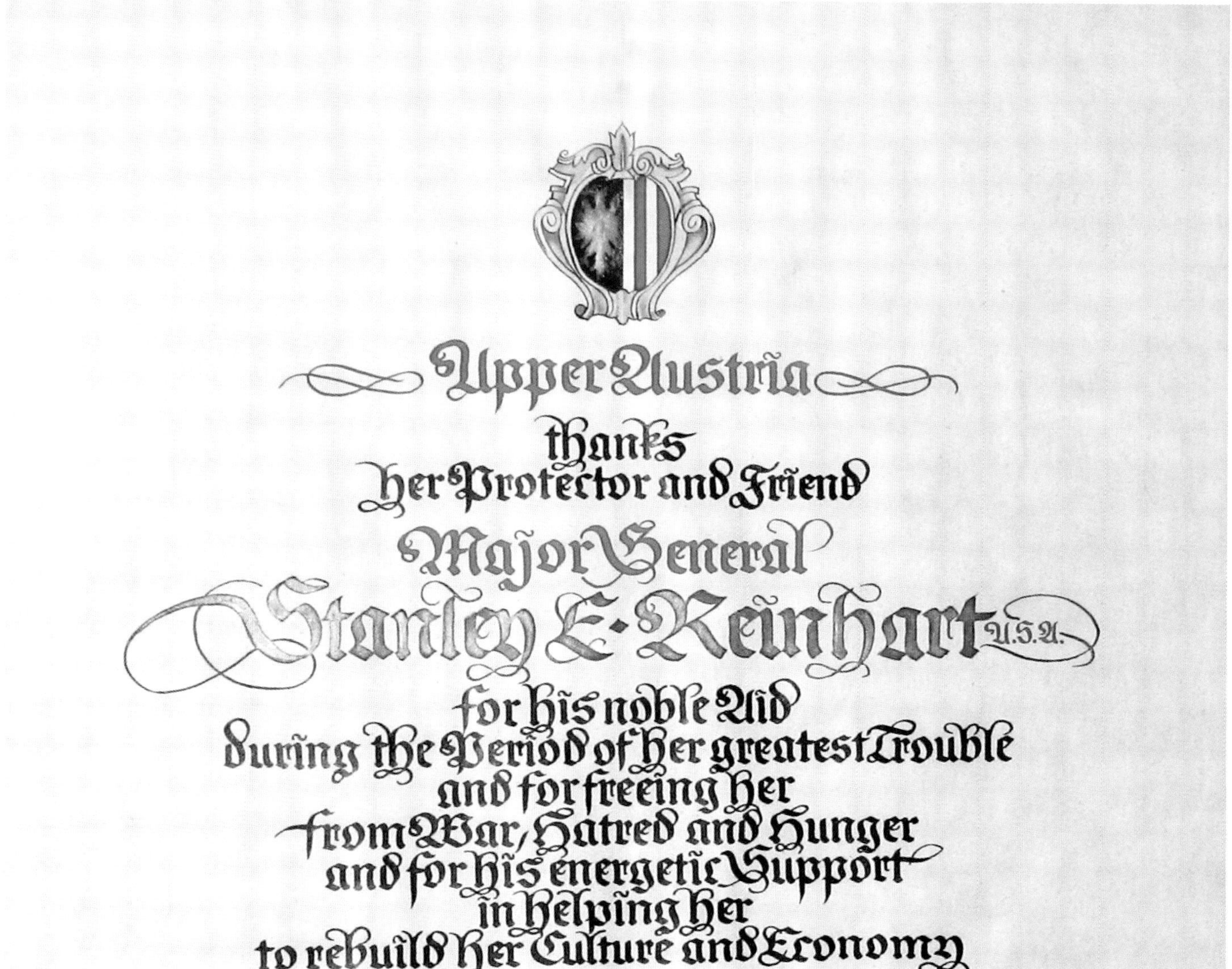

Upper Austria
thanks
her Protector and Friend
Major General
Stanley E. Reinhart U.S.A.
for his noble Aid
during the Period of her greatest Trouble
and for freeing her
from War, Hatred and Hunger
and for his energetic Support
in helping her
to rebuild her Culture and Economy

Linz, October the 16th, 1945

For the Upper Austrian Land Government:

Militärgouverneur Stanley Eric Reinhart in Oberösterreich

Military Governor Stanley Eric Reinhart in Upper Austria

Offiziere und Standartenträger bei einer Veranstaltung am 19. Oktober 1945 in **Prag,** bei der Generalmajor Ernest Nelson Harmon (1894-1979) das Kommando über die 1. Tschechoslowakische Panzerbrigade an die Tschechoslowakei zurückgibt.

Officers and a Color Guard in Prague during a ceremony on October 19, 1945, in which Major General Ernest Nelson Harmon (1894-1979) returns control of the 1st Czechoslovakian Tank Brigade to Czechoslovakia.

Leutnant General Clarence Ralph **Huebner** (1888–1972) aus Bushton in Kansas, Kommandeur des V. Korps, wird 1949 der letzte amtierende Militärgouverneur in der amerikanischen Besatzungszone. Er geht 1950 in Pension und wird im Nationalfriedhof von Arlington beigesetzt.

Lieutenant General Clarence Ralph Huebner (1888–1972) from Bushton, KS, commander of the V Corps, and the last acting Military Governor of the American Zone in Germany in 1949. He will retire in 1950 and be buried in Arlington National Cemetery.

20. November 1945 in **Tokio:** Kaiser Hirohito kehrt in den Palast zurück, nachdem er den japanischen Soldaten, die im Krieg gefallen sind, die letzte Ehre erwiesen hat. Bild: Vonstroheim

Novembe 20, 1945 in Tokyo: Emperor Hirohito returning to the Imperial Palace after paying honors to the Japanese soldiers killed in the war. Photo by Vonstroheim

Generalleutnant Geoffrey Keyes (1888-1967), der amerikanische Hochkommissar in Österreich, wohnt in **St. Wolfgang,** wo er zum Ehrenbürger ernannt wird. Keyes, der Kommandeur der 7. Armee (1945-1946) und der 3. Armee (1946–1947), wird an der Militärakademie in West Point beigesetzt werden.

Lieutenant General Geoffrey Keyes (1888-1967), US High Commissioner on the Allied Council for Austria, and Mrs. Keyes with local residents of St. Wolfgang, where the general is made an Honorary Citizen. Keyes was commander of the 7th Army (1945-1946) and of the 3rd Army (1946–1947). He will be interred at West Point.

Abschiedsparty für die führenden Köpfe der XII. Korps Artillerie in **Regensburg** am 25. Oktober 1945: Richter Oberst Lester J. Abele, Generalanwalt Oberst Alfred J. DeLorimier, Brigadegeneral John M. Lentz, der Kommandeur der Artillerie des XII. Korps, und sein Stabschef, Oberst Paul M. Martin. Zwei Tage später wird das Hauptquartier aufgelöst.

XII Corps Artillery farewell stag party in Regensburg on October 25, 1945: Judge Colonel Lester J. Abele, Advocate General Colonel Alfred J. DeLorimier, Brigadier General John M. Lentz, commander of the XII Corps Artillery, and his chief of staff, Colonel Paul M. Martin. Two days later, headquarters becomes inoperational.

Die Obristen Alfred H. Anderson aus Pittsburgh in Pennsylvanien, A. J. DeLorimier aus Clayton in Missouri und Lester J. Abele genießen eines der letzten Abendessen in der **Regensburger** Offizierskantine. Am 15. Dezember wird das XII. Korps aufgelöst.

The colonels Alfred H. Anderson from Pittsburg, PA, A. J. DeLorimier from Clayton, MO, and Lester J. Abele enjoying one of their last suppers in the Regensburg officers' mess prior to inactivation of the XII Corps on December 15, 1945.

General George Smith Patton Junior ist am 22. Dezember 1945 im **Heidelberger** Gästehaus von General Keyes aufgebahrt. Die drei Fahnen repräsentieren die 3., 7. und 15. Armee, die Patton kommandierte.

The body of General George Smith Patton, Jr. lying in state at the Heidelberg guest house of General Keyes on December 22, 1945. The flags represent the 3rd, the 7th and the 15th armies which Patton commanded.

Elf amerikanische Generäle folgen am 23. Dezember 1945 General Patton Juniors Sarg in **Heidelberg**.

Eleven US Army generals follow the casket of General Patton, Jr. in a funeral procession at Heidelberg on December 23, 1945.

1950 kehrt Generalleutnant Stafford LeRoy Irwin als Kommandeur der amerikanischen Streitkräfte in Österreich an die Donau zurück, wo er am 22. November in **Bendermichel,** Linz, neue Apartments für Angehörige der Soldaten eröffnet.

In 1950, Lieutenant General Stafford LeRoy Irwin returns to the Danube as commander of U.S. Army forces in Austria, where he is opening new apartments for US dependents in Bendermichel, Linz, on Novemer 22nd.

Sekretär der US-Armee Frank Pace (2. von links) bei seiner Inspektion von **Linz** am 20. November 1951; von links nach rechts: Generalleutnant Anthony Clement McAuliffe; Generalleutnant Stafford LeRoy Irwin, Kommandeur der amerikanischen Streitkräfte in Österreich; Generalmajor Floyd Lavinius Parks von der Armeeabteilung für Öffentliche Information; Brigadegeneral John Archer Elmore, Kommandeur des Linzer Militärkommandos. 1952 zwingen gesundheitliche Probleme Generalleutnant Irwin, in Pesion zu gehen. Drei Jahre spatter stirbt er an einem Arterienverschluss und wird im Nationalfriedhof Arlington beigesetzt.

Secretary of the US Army, Frank Pace (2nd from left) during his inspection tour of Linz on November 20, 1951; left to right: Lieutenant General Anthony Clement McAuliffe; Lieutenant General Stafford LeRoy Irwin, commander of the United States Forces in Austria; Major General Floyd Lavinius Parks from the Army's Public Information Division; Brigadier General John Archer Elmore, commander of the Linz military post. In 1952, medical problems force Lieutenant General Irwin to retire. Three years later, he will die of a coronary occlusion, and be buried at Arlington National Cemetery.

IV. Zurück zur *Walhalla*

IV. *Valhalla* Revisited

Passau's Großer Rathaussaal am 6. Mai 2005: Robert Patton spielt den *Donau-Boogie-Woogie,* wie 1945, nachdem er unter Generalmajor Stanley Eric Reinhart diesen Fluss überquerte.

Passau's Grand City Hall on May 6, 2005: Robert Patton playing the *Danube Boogie-Woogie,* as he did in 1945 after crossing that river under Major General Stanley Eric Reinhart.

Passau's Großer Rathaussaal am 6. Mai 2005: Der katholische Sänger und Komponist Martin Göth unterhält die Gäste mit amerikanischen Melodien, hebräischen Tänzen und selbstgeschriebenen Friedensliedern. Einheimische Kinder singen das amerikanische Lied „Wir sind die Leute des 21. Jahrhunderts".

Passau's Grand City Hall on May, 2005: The Catholic singer and composer Martin Göth entertains the guests with American melodies, Hebrew dances, and peace songs of his own. Local children sing the American song "We Are the People of the 21st Century".

1995 zeigt ein Überlebender von Passau II, einem Außenlager von **Mauthausen**, zwei seiner Bilder von damals her.

In 1995, a survivor of Passau II, a satellite camp of Mauthausen, showed off two of his photographs from back then.

Fred Plotke, der Sohn von **Passaus** einst umschwärmter und dann tief gedemütigter Trudl Burian, spricht am 6. Mai 2005 den Segen über den Wein.

On May 6, 2005, Fred Plotke, the son of Passau's once fabled and then ostracized Trudl Burian, blesses the wine.

Arthur-Brasgalla-Steig

Um bei einer Reihe von Veranstaltungen für Veteranen des 2. Weltkrieges zu helfen, kam Feldwebel Bea Grace zum 60. Jahrestag des Kriegsendes nach Passau zurück, wo sie auch herkommt. Unter anderem hatte die Stadt beschlossen, einen verstorbenen Feldwebel zu ehren. Am 7. Mai 2005 nahm Oberstleutnant Brian McNerney, ein Presseoffizier vom Hauptquartier der amerikanischen Streitkräfte in Europa, daran teil, mit einem Feldwebel als Fotograf im Schlepptau. McNerney berichtete über „den Ausdruck der Dankbarkeit für die humanitäre Arbeit, die Feldwebel Arthur Brasgalla von der 83. Infanterie-Division in den Nachkriegsjahren leistete. Es ließ sich dort nieder, half all die notwendige Infrastruktur und Betriebe wieder herzustellen wie auch die Gemeinde zu integrieren und heiratete letzten Endes eine deutsche Einheimische.“ Die Soldaten blieben auch zu einem interreligiösen Gottesdienst in St. Salvator, wo Feldwebel Grace zu den Gästen sprach.

To mark the 60th anniversary of VE-Day, Sergeant Bea Grace returned to her native Passau to support a series of events for WWII veterans. Among other things, the city decided to honor a late sergeant. On May 7, 2005, Lieutenant Colonel Brian McNerney, a public affairs officer from the American Armed Forces' headquarters in Europe, attended with a sergeant photojournalist in tow. McNerney wrote about "the expressions of gratitude for the humanitarian work performed in the years after the war by Sergeant Arthur Brasgalla of the 83rd Infantry Division, who settled there and helped reestablish all the necessary infrastructure and services as well as integrating into the community and ultimately marrying a German resident.“ The soldiers also stayed for an interfaith service at St. Salvator, where Sergeant Grace addressed the guests.

Am 20. März 2006 heißt der damalige **Passauer** Oberbürgermeister Albert Zankl amerikanische Ehrengäste im Großen Rathaussaal willkommen.

On March 20, 2006 Lord Mayor Albert Zankl welcomes American guests of honor at Grand City Hall.

Veteranen vor den Fahnen der 65. und 71. Infanterie-Division.

Veterans pose in front of the 65th and 71st Infantry Division flags.

Im Sommer 1945 zog das Hauptquartier der 83. Infanterie-Division nach **Passau.** Auf der Veste Oberhaus stationiert zu sein, bot einem Soldaten wie Tony Vaccaro Gelegenheit, von seiner Kamera Gebrauch zu machen. 2006 freuen sich Veteranen über Exemplare seines Bilderbuches „Schnappschüsse vom Krieg".

In the summer of 1945, the 83rd Infantry Division headquarters relocated to Passau. For a soldier like Tony Vaccaro being stationed at the Oberhaus Castle offered an opportunity to use his camera. In 2006, veterans are pleased to receive copies of his pictorial book "Shots of War".

Schlange stehen, um sich ins Goldene Buch für prominente Besucher der Stadt einzutragen. Im Bild von links nach rechts sind Bob Patton und seine Frau Helen, Bundestagsabgeordneter Dr. Max Stadler, Generalkonsul Matthew Rooney mit Frau, Mickey Dorsey und Oberbürgermeister Albert Zankl zu sehen.

Lining up to sign the city's "Golden Book" of prominent visitors. Pictured from left to right are Bob Patton and his wife Helen, member of the parliament Dr. Max Stadler, Consul General Matt Rooney and his wife, Mickey Dorsey and Lord Mayor Albert Zankl.

Um eine Übergabe der Stadt zustande zu bringen, ohne die Stadt zerstören zu müssen, brauchten Generalmajor Reinhart's Truppen die Unterschrift von **Passaus** Bürgermeister Dr. Carl Sittler. Aus Angst vor Vergeltung hatte der sich allerdings versteckt. Als SS dann versuchte, die Stadt unter der Bedingung zu übergeben, dass den vielen Truppen vor Ort samt ihren Waffen freier Abzug gewährt wurde, um gegen die Sowjets zu kämpfen, lehnte Reinhart ab. Stattdessen machten sich seine Leute auf die Suche nach Sittler. Am 3. Mai, eine halbe Stunde nach Mitternacht, war das Dokument endlich unterzeichnet, aber bis die Stadt frei war, dauerte es noch zwei Tage.

To orchestrate a surrender without having to destroy the city, Major General Reinhart's troops needed Passau's Mayor Dr. Carl Sittler to sign the document. Afraid of repercussions, however, Sittler hid. When the SS tried to surrender the city instead, on the condition that the numerous local troops were free to go with their armaments to fight the Soviets, Reinhart declined. Instead, his men began to hunt down Sittler. On May 3rd, half an hour past midnight, the paper was finally signed, but it took two more days to clear the city.

Norman Nichols diente in Generalmajor Willard Gordon Wyman's 71. Infanterie-Division. Am 21. März 2006 diskutieren Veteranen und Überlebende am Passauer Gymnasium Leopoldinum mit Schülern Norman Nichols' Kriegsszenen.

Norman Nichols served in Major Willard Gordon Wyman's 71st Infantry Division. On March 21, 2006, in Passau, veterans and survivors at the Leopoldinum Secondary School are discussing Norman Nichols' combat art with students.

Am 22. März 2006 kommt Professor Dr. Eberhard Dünninger, der ehemalige Generaldirektor der Bayerischen Staatlichen Bibliotheken, mit Veteranen nach **Passau.** Er erinnert sich lebhaft ans Kriegsende und freut sich über die Zeit mit ihnen.

On March 22, 2006, Professor Dr. Eberhard Dünninger, formerly General Director of Bavaria's State Libraries, arrives in Passau with veterans. Vividly recalling the end of the war, he is pleased to join them.

Am 21. März 2006 heißen Museumsdirektor Dr. Max Brunner und seine Mitarbeiter amerikanische Veteranen auf der **Veste Oberhaus** willkommen.

On March 21, 2006, Museum Director Dr. Max Brunner and his staff welcome American veterans at the Oberhaus Castle.

Fred Plotke aus Los Angeles in Kalifornien kam 1938 zur Welt, ein Jahrzehnt nachdem die Familie seiner Mutter gzwungen war, Passau zu verlassen. Am 4. Mai 2005 begleitet Mickey Dorsey von der 71. Infatierie-Division Fred Plotke, dessen Freundin Rosalie, deren Eltern polnische Juden waren, und Andere zurück ins Stadtarchiv.

Fred Plotke from Los Angeles, California, was born in 1938, a decade after his mother's family was forced out of Passau. Om May 4, 2005, Mickey Dorsey from the 71st Infantry Division accompanies Fred Plotke, his friend Rosalie, the daughter of Polish Jews, and others back to the local archives.

Am 22. März 2006 schaut Georg Höltl zu, wie sich die Veteranen in sein ledergebundenes Gästebuch eintragen. Rechts steht der Brigadegeneral Stanley Eric Reinhart Junior.

On March 22, 2006, Georg Höltl looks on as the veterans sign his leather-bound VIP-guest book. Brigadier General Stanley Eric Reinhart Jr. is on the right.

Am 1. und 2. Mai 1945 hatten Generalmajor Reinhart's 259. und 261. Regiment ihr Hauptquartier in der Villa Blaimer in Osterhofens Bahnhofstraße. Am 20. März 2006 heißt der Bürgermeister Veteranen im Rathaus willkommen.

On May 1 and May 2, 1945, Major General Reinhart's 259th and 261st Regimental Headquarters were located in the Blaimer Villa on Osterhofen's Bahnhofstrasse. On March 20, 2006, the Mayor welcomes veterans at city hall.

Am 6. Mai 2005 ist Yom HaShoa, der jüdische Tag der Erinnerung. Noch einmal kehren Veteranen der 65. und 71. Infanterie-Divison zurück zum ehemaligen KZ **Kirchham**, um ein Mahnmal für jüdische Babys einzuweihen. Der Rabbiner Shlomo Appel singt „Ani Maamin", und Pocking's katholischer Chor von St. Ulrich singt die jüdische Partisanenhymne „Zog Nit Keyn Mol" von Hirsch Glick. Naaman Mazor und Yair Griver rufen ihren Opa, Rabbiner Yehuda Lipot Meisels, in Erinnerung, der unten die KZ-Gedenkstätte errichtet und oben die DPs beerdigt hat.

May 6, 2005, is Yom HaShoa, the Jewish Day of Remembrance. One more time, veterans from the 65th and 71st Infantry Division return to the former Kirchham Concentration Camp, to dedicate a memorial to Jewish babies. Rabbi Shlomo Appel sings "Ani Maamin", and Pocking's Catholic St. Ulrich choir sings the Jewish partisan hymn "Zog Nit Keyn Mol" by Hirsch Glick. Naaman Mazor and Yair Griver recall their grandfather, Rabbi Yehuda Lipot Meisels who built the Concentration Camp Memorial below and buried the DPs above.

Kirchham bei Pocking

Kirchham near Pocking

Am 6. Mai 2005 gesellen sich Franz Angerer, der Bürgermeister von Schärding in Österreich, und eine Abordnung örtlicher Veteranen zu Bürgermeister Josef Schifferer von **Neuhaus** am bayerischen Innufer. Gemeinsam mit Veteranen der 65. und 71. Infanterie-Division gedenken sie der amerikanischen Kameraden, die getötet, verwundet oder vermisst wurden. Für diejenigen, die beim Übersetzen nach Österreich 1945 ertranken, übergibt Schifferer dem Fluss ein schwimmendes Blumengebinde.

On May 6, 2005 Franz Angerer, Mayor of Schärding, Austria, and a delegation of local veterans joined Mayor Josef Schifferer from Neuhaus at the Bavarian bank on the Inn River. Together with veterans of the 65th and 71st Infantry Division, they commemorate American comrades who were killed, wounded or missing in action. For those who drowned while crossing into Austria in 1945, Schifferer presents a floating flower arrangement to the river.

Am 25. April 1945, als deutsche Soldaten in **Neuhaus** auf amerikanische Flugzeuge schossen, gewannen Einheimische einen ersten Eindruck davon, was Kampfhandlungen waren. Zwei Bomben trafen das kleine Haus von Andreas Schneider, wo elf Menschen wohnten. Das Haus flog in die Luft und explodierte. Oben auf dem Schutt stand das Klavier. Der verkohlte, buchstäblich geschrumpfte Leichnam des Vaters war kaum mehr einen Meter groß. Der Luftdruck hatte den Leuten die Kleider vom Leib gerissen und einen ungeborenen Jungen aus dem Leib der Mutter. Als Angehörige am offenen Grab standen, kamen noch mehr Flugzeuge. Sechzig Jahre danach begrüßen einheimische Veteranen die Amerikaner herzlich.

On April 25, 1945, when German soldiers in Neuhaus opened fire on American airplanes, local residents caught their first glimpse of what combat meant. Two bombs hit Andreas Schneider's small house, where eleven people lived. The house was lifted into the air, and exploded. On top of the rubbish sat the piano. The blackened, literally shrunken corpse of the father was only about one yard tall after the blast. The air pressure had torn off clothes, and an unborn boy out of the mother's womb. As relatives stood at the open grave, even more airplanes arrived. Sixty years later, local veterans cordially welcome the Americans.

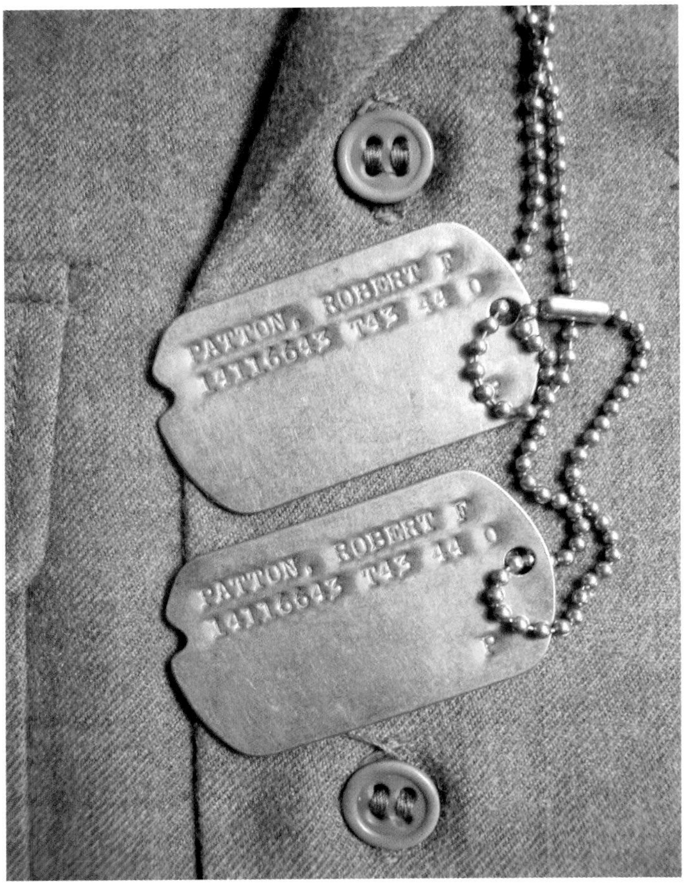

Robert Patton beendete sein Studium am Davidson College1946. Er heiratete Helen Webster und hat mit ihr einen Sohn und eine Tochter. 1966, nach zwanzig Jahren in Managerpositionen bei Sears, Roebuck & Co., wurde Patton Präsident von Piedmont Call-A-Computer, Inc. Zehn Jahre, nachdem Sprint seine Firma aufkaufte, zog sich Patton aus der sehr aktiven Computerarbeit im akademischen und geschäftlichen Bereich zurück. Er ist Mitglied des Vereins *Sons of the American Revolution*, dient als Adjutant des örtlichen Kriegervereins und als Kommandeur des Ortsverbandes *American Legion* von Chapel Hill in Nord-Carolina.

Robert Patton graduated from Davidson College in 1946. Married to Helen Webster, he has a son and a daughter. In 1966, after twenty years of working for Sears, Roebuck & Co. in managerial positions, Patton became President of Piedmont Call-A-Computer, Inc. Ten years after the company was acquired by Sprint, Patton retired from extensive computing experiences in academic and business environments. He is a member of the *Sons of the American Revolution*, serves as Adjutant of the local *Veterans of Foreign Wars* Post and as Commander of *The American Legion* Post in Chapel Hill, NC.

Robert Patton war Vorsitzender des Vereins der 65. Infanterie-Division und hat dessen Web-Seite ins Leben gerufen. Heute umfasst diese über 1.000 Seiten mit Informationen über die Division und wird durchschnittlich über 200-mal pro Tag aufgeschlagen. Patton verwaltet die Web-Seite nach wie vor. Seit 2009 ist seine Uniform in **Schärdings** Heimatmuseum ausgestellt. Er hat sie getragen, als er 1945 den Inn überquerte.

Robert Patton served as President of the 65th Infantry Division Association and initiated its website. Today, it contains over 1,000 pages of division information with an average of over 200 hits per day. Patton continues to serve as the website's administrator. Since 2009, his uniform has been on display at Schärding's Homeland Museum in Austria. He was wearing it when he crossed the Inn in 1945.

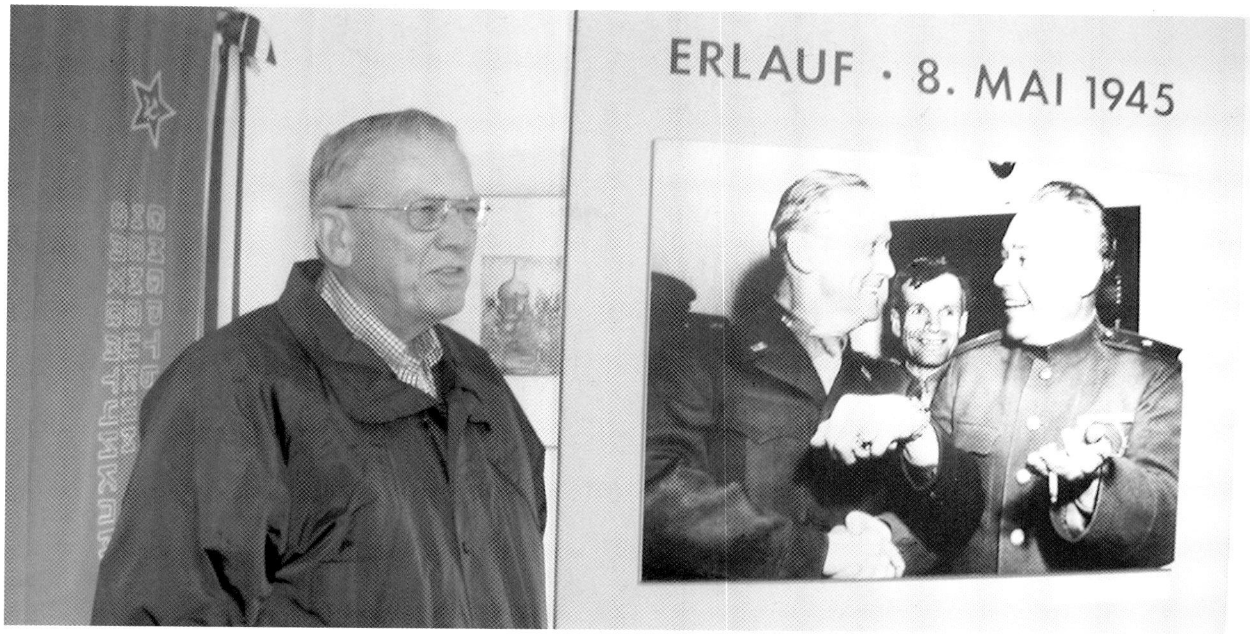

Am 8. Mai 1945, begleitet von Militärpolizei und „heulenden Sirenen", reisten Generalmajor Stanley Eric Reinhart, Brigadegeneral John E. Copeland, der stellvertretende Divisionskommandeur, und Stabschef Oberst William J. Epes, durch die Finsternis zu einem Treffen mit dem sowjetischen Generalmajor Demitrius Antonin Dritschkin, dem Kommandeur der 7. Garde-Luftlandedivision. Am 25. März 2006, als US-Veteranen nach **Erlauf** kommen, erzählt Brigadegeneral Reinhart, wie sein Vater damals ankam.

On May 8, 1945, escorted by military police and "with sirens screaming", Major General Stanley Eric Reinhart, Brigadier General John E. Copeland, the Assistant Division Commander, and Colonel William J. Epes, Chief of Staff, traveled through the darkness to meet Soviet Major General Dmitrii Antonin Dritschkin, commander of the 7th Guards Parachute Division. On March 25, 2006, when US veterans visit Erlauf, Brigadier General Reinhart recalls his father arriving there.

Am 4. Mai 1945 machte sich Mickey Dorsey, ein Schütze und Funker der 71. Infanterie-Division, auf den Weg nach **Wels**, wo Dutzende von Flugzeugen keinen Treibstoff mehr hatten und der „Fliegerhorst Wels" sich ergab. Nachdem Veteranen 2006 den ehemals eroberten Flugplatz abfahren, präsentiert Günter Kalliauer einige Dokumente aus dem Stadtarchiv, und Dorsey zeigt ein paar seiner Bilder her. Bürgermeister Dr. Peter Koits begrüßt die Veteranen im Rathaus mit Sekt und lädt sie zu einem Festessen in die Bräustube Gerstl ein.

On May 4, 1945, Mickey Dorsey, a gunner and radio operator of the 71st Infantry Division, Reconnaissance, proceeded to Wels, where dozens of airplanes had run out of fuel, and the large airfield surrendered. In 2006, after veterans tour the once captured airport, Günter Kalliauer presents documents from the city archives and Dorsey shares several of his photos. Mayor Dr. Peter Koits welcomes the veterans with champagne at city hall, and treats them to a fancy dinner at the brewery pub Gerstl.

Am 24. März 2006 heißt Landeshauptmann Dr. Josef Pühringer amerikanische Veteranen im **Linzer** Landhaus willkommen.

On March 24, 2006, Governor Dr. Josef Pühringer welcomes American veterans at the Linz Landhaus.

Eine Reporterin vom Radio Arabella in **Linz** fragt Brigadegeneral Stanley Eric Reinhart Jr. nach seinem Vater, dem damaligen Militärgouverneur von Oberösterreich.

A reporter from Radio Arabella in Linz interviews Brigadier General Stanley Eric Reinhart Jr. about his father, then Military Governor of Upper Austria.

Während eines Empfangs im Galeriezimmer Nummer 236 erkennt der frühere Feldwebel Robert Patton, dass er am 5. Mai 1945 dort am Boden geschlafen hat. Das Gebäude diente der 65. Infanterie-Division damals als Hauptquartier.

During a reception at the Gallery Room (no 236) the former Staff Sergeant Robert Patton realizes that this was the room where he slept on the floor on May 5, 1945. At that time, the building served the 65th Infantry Division as headquarters.

2006 kehren Veteranen und Überlebende zum KZ **Gunskirchen** zurück.

In 2006, veterans and survivors return to the Gunskirchen Concentration Camp.

Die Brücke über die **Enns**, die Tausende von Deutschen hastig überquerten um einer Gefangennahme durch die Sowjets zu entgehen, wurde zum Grenzpunkt zwischen der sowjetischen und amerikanischen Besatzungszone und ein Wahrzeichen der 65. Division. 2006 wurde sie mit Gedenktafeln über das Kriegsende ausgestattet.

The Enns Bridge, which thousands of Germans rushed over to avoid capture by the Soviets, became the check point between the Soviet and the American occupation area, and a landmark for the 65th Division. In 2006, it was decorated with commemorative tablets about the end of the war.

Bei Kriegsende, als Maynard Hanson an der Brücke in **Enns** Dienst tat, bot er einem kleinen Österreicher einen Kaugummi an. Der Junge wurde ein Feuerwehrmann, und als der Veteran 2006 zurückkehrt, bietet Edward Pils ihm im Gegenzug ein Bier an.

At the end of combat, when Maynard Hanson served at the bridge in Enns, he offered a little Austrian chewing gum. That boy became a firefighter, and when the veteran returns in 2006, Eduard Pils offers him a beer in return.

Am 25. März 2006 begrüßt der Bürgermeister von Enns amerikanische Veteranen am Stadtturm.
On March 25, 2006, the Mayor of Enns welcomes American veterans on Main Square.

Sechzig Jahre nach ihrer Befreiung marschieren Überlebende von **Mauthausen** noch einmal durch das Tor.

Sixty years after their liberation, Mauthausen survivors marching through that gate one more time.

Zu den Feierlichkeiten des 60. Jahrestages der Befreiung kommen Veteranen der 11. Panzerdivision durch das Tor von **Mauthausen**. Ganz vorne, wie schon damals, ist Feldwebel Harry Saunders vom Trupp D der 41. mechanisierten Kavallerie-Erkundungsstaffel. Damals befehligte Saunders den ersten Panzerwagen, der in Mauthausen eintraf. Diesmal braucht er einen Rollstuhl.

For the 60th anniversary celebrations of the liberation, veterans of the 11th Armored Division come through the gate of Mauthausen. First in line, once again is Staff Sergeant Harry Saunders of Troop D, 41st Cavalry Reconnaissance Squadron, Mechanized. In 1945, Saunders commanded the first armored car that entered the Mauthausen compound on May 5, 1945. Now, he relies on a wheelchair.

Der Veteran der 11. Panzerdivision mit der schwarzen Mütze rechts auf dem Bild ist Kenneth Reuss. Er diente in der Batterie B des 492. schweren Feldartillerie Bataillons und ist mittlerweile verstorben.

The 11th Armored Division Veteran with the black cap on the right is Kenneth Reuss. He served in the Battery B of the 492nd Armored Field Artillery Battalion, and has since passed away.

Der Veteran in der Mitte ist Joe Garofola von der Kompanie C, 55. schweres Infanterie-Bataillon. Rechts von ihm geht Frank Stout, Hauptfeldwebel der Kompanie A, 55. schweres Infanterie-Bataillon. Der Veteran mit der blauen Mütze, der Sonnenbrille und dem blau-weiß gestreiften Schlips ist Pierre Choumoff, ein französischer Überlebender und Ehrenmitglied des Vereins der 11. Panzerdivision. Sobald sich das Tor öffnet, umarmt er den ehemaligen Pionier Daniel William O'Brien so herzlich, dass ein großes Bild davon auf der Titelseite der Zeitung „Standard" zu sehen ist.

The veteran in the center is Joe Garofola from Company C, 55th Armored Infantry Battalion. To his right walks Frank Stout, First Sergeant of Company A, 55th Armored Infantry Battalion. Pierre Choumoff wearing a blue cap, dark glasses, and blue and white striped scarf is a French survivor, and an Honorary Member of the 11th Armored Division Association. As soon as the gate opens, he embraces the former combat engineer Daniel William O'Brien so cordially that a large photo of it makes the front page of the "Standard" newspaper.

Die Fahnenabordnung der Marinesoldaten an der US-Botschaft in Wien geleitet die amerikanische Delegation zur Eröffnungsrede.

The Marine Corps Color Guard from the US Embassy in Vienna escorts the American delegation to the opening speech.

Am 9. Mai 2005 nehmen über 21.000 Menschen an der offiziellen Gedenkveranstaltung teil. Sowjetische und amerikanische Fahnen werden nebeneinander getragen.

On May 9, 2005, more than 21,000 people attend the official commemorative ceremony. Soviet and American flags are carried side by side.

1988 kehren ehemalige Passauer Juden zurück. Einen erinnerungswürdigen Abend in der Altstadt genießen Dr. Max Brunner, Anna Rosmus, Trudl Berkey (geborene Burian) und Bürgermeister Fritz Abelein, der Arthur Burian freundschaftlich umarmt.

Former Passau Jews returning in 1988. Enjoying a memorable evening in the Old City are Dr. Max Brunner, Anna Rosmus, Trudl Berkey (nee Burian), and Mayor Fritz Abelein jovially embracing Arthur Burian. Photographer is Trudl Berkey's German-born son, Fred Plotke who accompanied his mother and uncle on this trip.

Zu Besuch im Stadtarchiv 1988, von links nach rechts: Dr. Max Brunner, Trude Berkey, Arthur Burian und Fred Plotke mit Richard Schaffner.

Visiting the city archives in 1988, from left to right: Dr. Max Brunner, Trude Berkey, Arthur Burian, and Fred Plotke with Richard Schaffner.

Zur Erinnerung der Vertreibung der jüdischen Kaufleute Bernheim vor 73 Jahren besucht Anna Elisabeth Rosmus vom 14. bis 18. Oktober 2008 Passau mit deren Nachkommen aus Israel, Frankreich und Kalifornien. Alfred und Berta Bernheim waren die Besitzer des Passauer Kaufhauses Merkur.

Alfred and Berta Bernheim were the owners of Passau's department store Merkur. In memory of the forced "Aryanization" 73 years earlier, Anna Elisabeth Rosmus accompanies their descendants from Israel, France and California back to Passau on October 14-18, 2008.

Anthony Bernheim, Uri und Amos Barneah werden in Passau interviewt.

Anthony Bernheim, Uri and Amos Barneah being interviewed in Passau.

V. Anhang

V. Attachments

Umschlag

Am 22. August 1945 trafen sich General George Smith Patton und andere US Generäle mit Generalmajor Stanley Eric Reinhart auf dem Schloss der Familie Arco in St. Martin. Damals war Reinhart Kommandeur der 26. Infanterie Division und Militärgouverneur von Oberösterreich. Patton Junior war Militärgouverneur von Bayern. Der Vertreter von Ried begrüßte die Gäste im Namen der Regierung. Jungen und Mädchen in Trachten überreichten Patton Junior rote Rosen und ein Photoalbum der Spanischen Reitschule. Das Mittagessen wurde im Schloss serviert. Reinhart's 2. Bataillon des 328. Regiments begrüßte die Kommandeure und schaute sich dann die Vorführung der Lipizzaner an. Während die meiste Musik von Schallplatten der Reitschule kam, spielte in den Pausen die Militärband. Technician 5 C. Garstki vom Signal Corps des Truppenhauptquartiers in Europa stellte Bilder des Besuches zur Verfügung. Der Oberst links ist vermutlich Oberst Dwight S. Colley von der 26. Infanterie Division, der bis zum 10. November 1945 das 104. Infanterie Regiment befehligte. Sitzend in der vorderen Reihe von links nach rechts: Brigagegeneral Arthur John McChristal (1893-1980), Leiter der Presseabteilung, Propaganda und Zensur im Hauptquartier der Alliierten Kräfte in Nordafrika; General George Smith Patton Junior, Kommandeur der Dritten Armee; Generalleutnant Geoffrey Keyes (1888-1967), damals kommandierender General des II. Korps, welches Patton's XX. Korps in der US-Besatzungszone in Österreich ersetzte, und Generalmajor Stanley Eric Reinhart. Brigadegeneral Stanley Eric Reinhart Jr., dessen Vater unter den ganz wenigen war, die General Patton Junior hören konnten, erzählt: „Als die Vorführung vorbei war und die Lipizzaner-Truppe das Feld verließ, stand die offizielle Gruppe von Generälen und höheren Offizieren auf, um zu gehen. ... General Patton Junior schaute auf die Truppe davontrottender Lipizzaner, drehte sich um und sagte zu den ihm Nahestehenden: 'So viele Pferdeärsche hab' ich seit meinem letzten Besuch bei SHAEF nicht mehr gesehen!'" Das offizielle Album des Schlosses in St. Martin enthält bis heute die acht Fotos jener historischen Reitveranstaltung, die Generalmajor Reinhart damals großzügig dorthin geschickt hat. Damit ging eine Ära zu Ende.

Cover

On August 22, 1945, General George Smith Patton Jr., and other US generals joined Major General Stanley Eric Reinhart at the Arco Castle in St. Martin. At that time, Reinhart was commander of the 26th Infantry Division and Military Governor of Upper Austria. Patton was Military Governor of Bavaria. A representative of Ried welcomed the guests on behalf of the government. Boys and girls in ethnic costumes presented Patton Jr. with red roses and a photo album of the Spanish Riding School. Lunch was served at the Castle. Reinhart's 2nd Battalion of the 328th Regiment saluted the commanders, and then attended the Lipizzans' performance. While most of the music was provided by the Riding School's own records, the military band played during interims. Technician 5 C. Garstki from ETO Headquarters' Signal Corps delivered visual images of the visit. The bird colonel on the left may be Colonel Dwight S. Colley of the 26th Infantry Division, who commanded the 104th Infantry Regiment until November 10, 1945. Seated from left to right in the front row are Brigadier General Arthur John McChristal (1893–1980), Director of Press Relations, Propaganda and Censorship at the Allied Force Headquarters in North Africa; General George Smith Patton Jr., commander of the Third Army; Lieutenant General Geoffrey Keyes (1888–1967), then Commanding General of the II Corps, which replaced the XX Corps of Patton Jr.'s Army in the US-occupied section of Austria; and Major General Stanley Eric Reinhart. Brigadier General Stanley Eric Reinhart, Jr., whose father was one of only a handful who could have heard General Patton, recalls: "When the performance was over, and the troop of Lipizzan horses was leaving the field, the official party of generals and senior officers got up to leave. ... General Patton looked out at the troop of Lipizzans trotting away, turned and said to those close to him, 'I haven't seen so many horses' asses, since my last visit to SHAEF!'" To this day, the official Arco album in St. Martin contains the eight photos of the historic equestrian performance Major General Reinhart had graciously sent.
It marked the end of an era.

Militärgouverneur Stanley Eric Reinhart in Oberösterreich

Brigadegeneral Stanley Eric Reinhart Jr. erzählt: „Ich erinnere mich, dass mein Vater besorgt war wen er in die führenden Stellungen berufen konnte. Ihm war klar, dass ein völliges Ausschließen aller Leute mit Nazi-Verbindungen jede Chance auf eine Wiederherstellung zunichte machen würde. Mit einem Winter vor der Tür musste er kompetente Leute finden, die die Wirtschaft in Schwung brachten, um unnötige Härten zu vermeiden. Und die Leute, die dazu in der Lage waren, waren zumeist diejenigen in Schlüsselpositionen, weil die Nazis sie dorthin gesetzt hatten.“

Generalmajor Reinhart arbeitete selbstlos, um Oberösterreich wieder auf die Beine zu bringen. Am 29. Mai war die recht dürftige Regierung um die Abteilungen „Erziehung und Religion” sowie „Künste und Gebäude” erweitert. Am 8. Juni hat das Radio wieder funktioniert. Drei Tage später öffnete das Linzer Bezirksgericht seine Tore, und die örtlichen Telefonbüros funktionierten wieder. Am 22. Mai spielte das Neue Theater in Steyr schon. Am 16. Juli war eine Abteilung für Theater und Veröffentlichen geschaffen. Drei Tage danach lief in Linz der erste Film.

Reinhart versah sein Amt effizient und fair wie General Eisenhower. Am 2. Juli hatte Oberösterreich neue Telefonbücher. Zwei Tage später nahm das Postamt seinen Dienst auf, und Züge zwischen Salzburg und Linz fuhren wieder. Am 13. Juli kam die erste Ausgabe des Oberösterreichischen Amtsblattes heraus. Eine Woche danach taten die Zollbehörden wieder Dienst.

Seit dem 1. August 1945 diente die Donau als natürliche Grenze zwischen der sowjetischen und der amerikanischen Besatzungszone. Die Nibelungenbrücke, die den Fluss vom Stadtplatz weg überspannt, war das Linzer Gegenstück zum Berliner „Checkpoint Charlie”. Für die Bewohner von Linz waren damit jedoch einige ungewöhnliche Probleme verbunden. Entsprechend der Fluss-Schleife war nämlich das nördliche Ufer vom restlichen Linz getrennt.

Zusammen mit Oberst Russel A. Snook hat Generalmajor Reinhart auch daran gearbeitet, dass aus der hohen Zahl von erschöpften Kampftruppen eine funktionierende und wesentlich kleinere Besatzungsgruppe wurde. Am 20. August 1945, als die 26. Infanterie Division die 65. Infanterie Division als Besatzungstruppe in Oberösterreich ablöste, übernahm Reinhart das Kommando über diese Division.

Zum Leidwesen von Österreich und der Leute, mit denen er arbeitete, erlitt Reinhart einen Herzinfarkt und wurde ins Krankenhaus eingeliefert. Am 16. Oktober unterzeichneten drei Männer, die die vorläufige staatliche Regierung Oberösterreichs bildeten, die abgebildete Schmuckurkunde. Sie wurde Reinhart überreicht, als er vom Kommando zurücktrat und Linz verließ. Generalmajor Robert Chauncey Macon, Kommandeur der 83. Infanterie Division, wurde Reinhart's Nachfolger als Militärgouverneur. Am 15. November 1945 kehrte Reinhart als Patient in die USA zurück. Sein Sohn schreibt: „Mein Vater war besonders stolz auf die Anerkennung dessen, was er für den Österreichischen Staat und die Leute getan hat. Er hat sie sich rahmen lassen, und sie hing bis zu dem Tag, an dem er starb, an einem bevorzugten Platz in seinem Haus.”

Military Governor Stanley Eric Reinhart in Upper Austria

Brigadier General Stanley Eric Reinhart Jr. states: "I do recall that my father was concerned with who to appoint to the leadership positions. He recognized that complete elimination of every person with connections to the Nazis would destroy any chance of recovery. With a winter coming on, he had to find competent people to run the economy to avoid undue hardship. And the people who could make things work were for the most part the people who were in the key positions because the Nazis put them there."

Major General Reinhart worked selflessly to get Upper Austria back on its feet. On May 29, the skeletal government was supplemented by "education and religion" and "fine arts and buildings" departments. On June 8, the radio was operating again. Three days later, the district court opened its doors, and the local telephone office was functioning. On June 22, the Neues Theater in Steyr played again. On July 16, a department for theater and publications was established. Three days later, the first movie played in Linz.

Like General Eisenhower, Reinhart did his job efficiently, fairly. By July 2, Upper Austria had new telephone books. Two days later, the postal service started, and trains between Salzburg and Linz were running again. On July 13, the first edition of the Oberösterreichisches Amtsblatt was published. One week thereafter, customs offices were operating.

From August 1, 1945, the Danube served as a natural border between the Soviet and American occupation zones. The Nibelungen Bridge, which spans the river from the main square, was Linz' version of Berlin's "Checkpoint Charlie". For the residents of Linz that posed some unusual problems. The way the river bends, it separates the Urfahr district in the north from the rest of Linz.

The governor's son, Brigadier General Reinhart Jr., confirms what the military files reflect: "I do recall that my father had a very good, no-nonsense working relation with the opposite Russian division commander, and a good relation also with the corps commander. For example, in Linz the street cars ran on both sides of the river, the north side being in the Soviet zone. The car barns and maintenance shops were on the Soviet side. The Soviets proposed that the cars would run on their side but not on the US side. My father reminded them that the electric power came from the US side and the cars would either run throughout the whole system or not at all, and that people from the US side would have free access to the car barns, etc. So, access to the car barns was allowed, and the system worked fine once the war damage was repaired."

Together with Colonel Russel A. Snook, Major General Reinhart also strived to transform vast numbers of exhausted combat troops into a functioning, much smaller occupation force. On August 20, 1945, when the 26th Infantry Division relieved the 65th Infantry Division from its occupation duty in Upper Austria, Reinhart took command of that Division.

Sadly for Austria and the people he worked with, Reinhart suffered a heart attack and was hospitalized. On October 16, three men representing the interim state government of Upper Austria, signed the ornate certificate. It was presented to Reinhart as he relinquished command and left Linz. Major General Robert Chauncey Macon, commander of the 83rd Infantry Division, succeeded Reinhart as Military Governor. On November 15, 1945, Reinhart returned to the US as a patient. His son writes: "My father was especially proud of this recognition of what he did for the Austrian state and people. He had it framed, and it was prominently displayed in his house until the day he died."

Karten

Maps

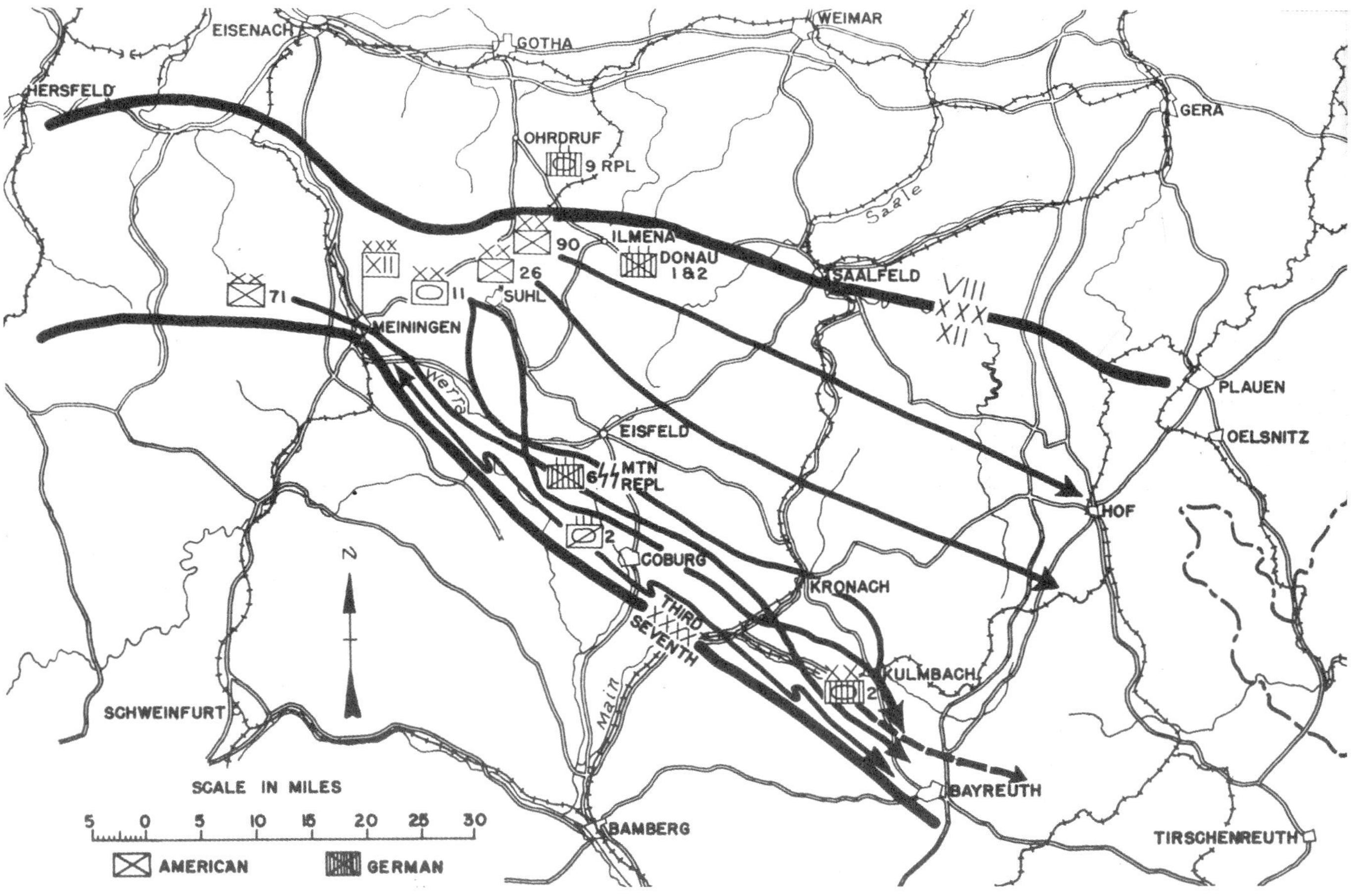

EISENACH
GOTHA
WEIMAR
HERSFELD
GERA
OHRDRUF
9 RPL
Saale
ILMENA
DONAU 1&2
XXX XII
11
26
90
SAALFELD
VIII XXX XII
71
SUHL
MEININGEN
Werra
PLAUEN
OELSNITZ
EISFELD
MTN REPL
677
HOF
2
COBURG
KRONACH
THIRD XXXX SEVENTH
N
KULMBACH
Main
SCHWEINFURT
SCALE IN MILES
5 0 5 10 15 20 25 30
BAYREUTH
BAMBERG
TIRSCHENREUTH
AMERICAN
GERMAN

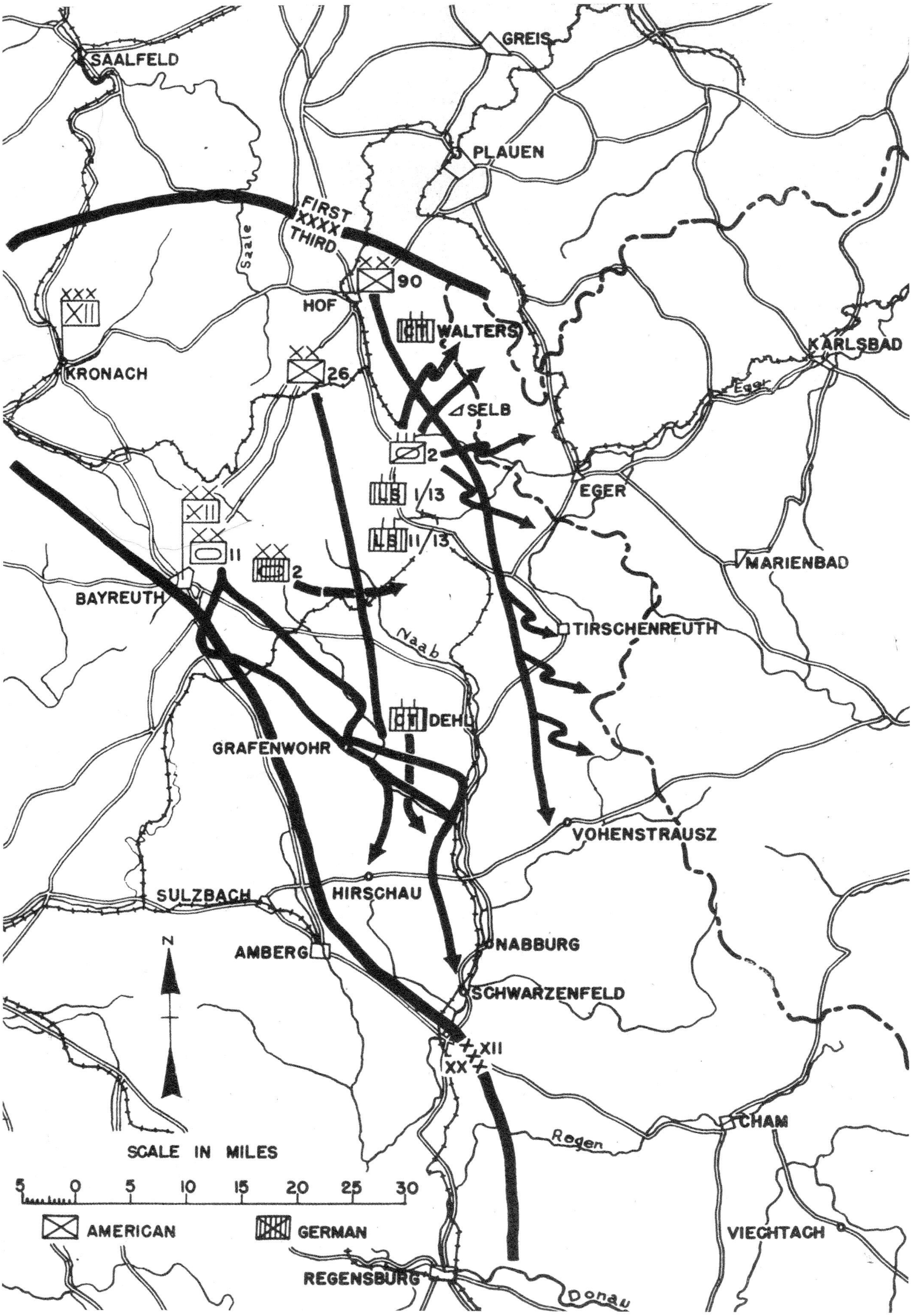
SAALFELD
GREIS
PLAUEN
FIRST
XXXX
THIRD
Saale
XXX
XII
KRONACH
HOF
90
26
CT WALTERS
KARLSBAD
Eger
SELB
2
LS 1/13
LS 11/13
EGER
XII
11
2
MARIENBAD
BAYREUTH
Naab
TIRSCHENREUTH
CT DEHL
GRAFENWOHR
VOHENSTRAUSZ
SULZBACH
HIRSCHAU
AMBERG
NABBURG
SCHWARZENFELD
XII
XX
N
CHAM
Regen
SCALE IN MILES
5 0 5 10 15 20 25 30
AMERICAN
GERMAN
VIECHTACH
REGENSBURG
Donau

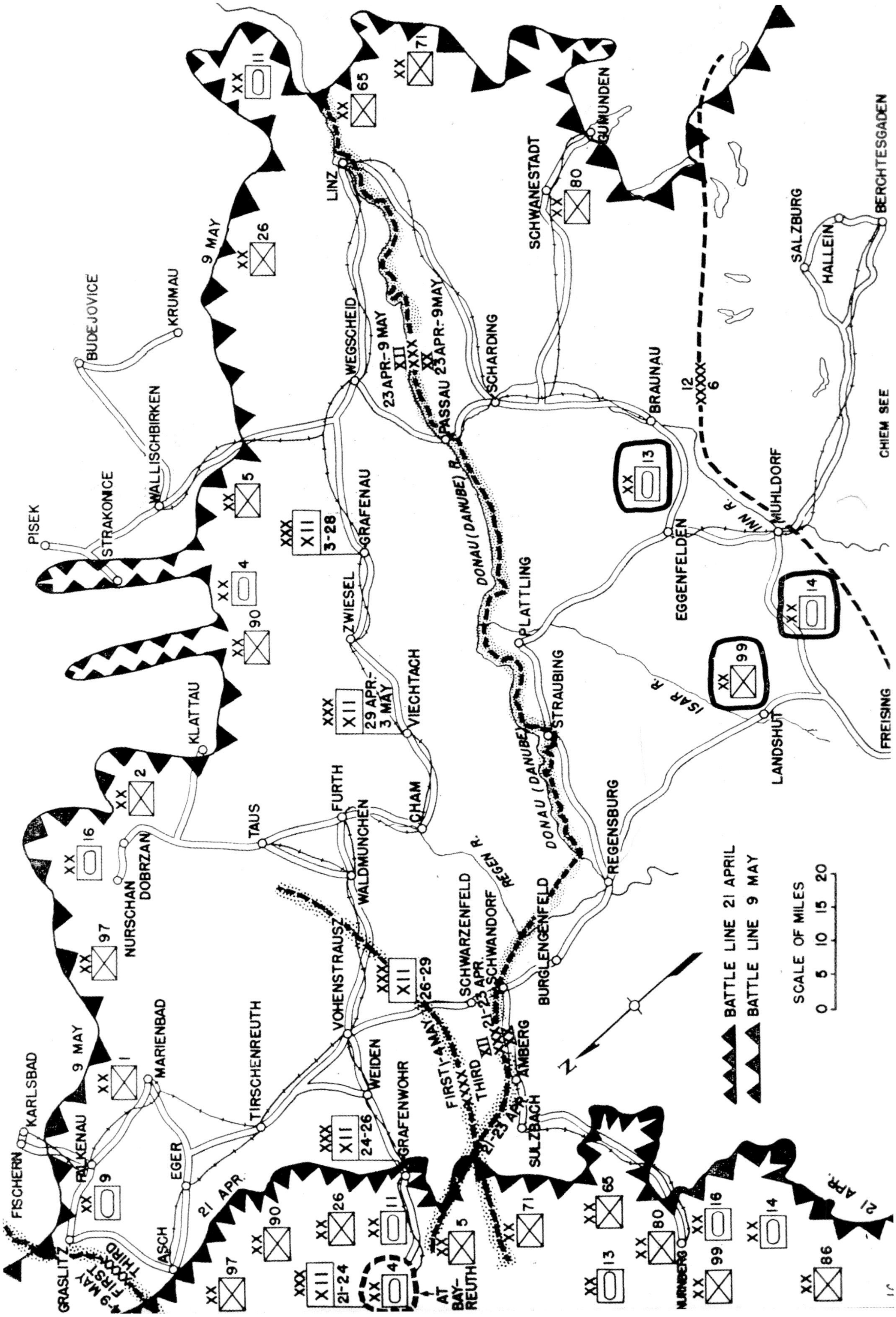

FISCHERN
KARLSBAD
GRASLITZ
FALKENAU
MARIENBAD
ASCH
EGER
TIRSCHENREUTH
NURSCHAN
DOBRZAN
TAUS
FURTH
WALDMUNCHEN
VOHENSTRAUSZ
WEIDEN
GRAFENWOHR
AT BAY-REUTH
SULZBACH
AMBERG
SCHWARZENFELD
SCHWANDORF
BURGLENGENFELD
REGENSBURG
CHAM
VIECHTACH
ZWIESEL
GRAFENAU
KLATTAU
PISEK
STRAKONICE
WALLISCHBIRKEN
BUDEJOVICE
KRUMAU
WEGSCHEID
PASSAU
LINZ
SCHARDING
SCHWANESTADT
GMUNDEN
BRAUNAU
STRAUBING
PLATTLING
EGGENFELDEN
MUHLDORF
LANDSHUT
FREISING
SALZBURG
HALLEIN
BERCHTESGADEN
CHIEM SEE
NURNBERG
DONAU (DANUBE) R.
REGEN R.
ISAR R.
INN R.
9 MAY
21 APR.
FIRST-THIRD
12 XXXXX 6
XXX XII 21-24
XXX XII 24-26
XXX XII 26-29
XXX XII 29 APR.-3 MAY
XXX XII 3-28
23 APR.-9 MAY
21-23 APR.
FIRST 1-4 MAY THIRD
N
BATTLE LINE 21 APRIL
BATTLE LINE 9 MAY
SCALE OF MILES
0 5 10 15 20

Salutieren vor der Fahne am Hauptquartier von Generalmajor Stanley Eric Reinharts 265. Pionier-Bataillons am 9. Mai 1945.

A salute to the flag in front of Major General Stanley Eric Reinhart's 265th Engineer Battalion headquarters on May 9, 1945.

Impressum

Herausgeber: Anna Rosmus, Söldenpeterweg 19, 94036 Passau, Germany

Quellen: Bilder und andere Unterlagen stammen aus dem Nationalarchiv in Amerika, aus dem Stadtarchiv Passau, von amerikanischen Veteranen, deren Angehörigen und Verbänden, von Überlebenden der Shoah sowie von weiteren Privatpersonen.

Herstellung: Offsetdruck - Verlag Dorfmeister, www.dorfmeisterdruck.de
Printed in Germany

ISBN: 3-9810084-7-2

Imprint

Editor: Anna Rosmus, Söldenpeterweg 19, 94036 Passau, Germany

Sources: Photos and other materials are courtesy of the National Archives, from the Passau city arcives, from American veterans, their relatives and associations, from survivors of the Shoah, as well as from other private persons.

Production: Offsetdruck - Verlag Dorfmeister, www.dorfmeisterdruck.de
Printed in Germany

ISBN: 3-9810084-7-2